AF557988

Die Kurzgeschichten spielen hauptsächlich in bekannten Regionen, doch bleiben die Geschehnisse reine Fiktion.

Bibliografische Information der Deutschen Nationalbibliothek
Die Deutsche Nationalbibliothek verzeichnet diese Publikation in der Deutschen Nationalbibliografie; detaillierte bibliografische Daten sind im Internet abrufbar über https://www.dnb.de

www.niemeyer-buch.de

Umschlaggestaltung: C. Riethmüller
Der Umschlag verwendet Motiv(e) von 123rf.com
Druck und Bindung: Zimmermann Druck + Verlag GmbH, Balve
Printed in Germany
ISBN 978-3-8271-9289-9

Spannende Geschichten
aus dem Schwabenländle

von Wolfgang Hofer

Inhalt

Prolog

Weihnachten hat schon immer genervt. Vor allem die Maria und den Josef. Erstens, weil sie wegen der beknackten Volkszählung von Kaiser Augustus mitten im Winter nach Bethlehem mussten, und zweitens, weil sie dort keine Herberge fanden. Alles ausgebucht.

Heutzutage besuchen uns die lieben Verwandten und *finden* eine Herberge. Nämlich unser Wohnzimmer, wo sie sich einnisten und den ganzen Tag bespaßt werden wollen. Sogar der bewährte Zyniker Woody Allen gibt da klein bei: „Es ist schon das siebte Mal, dass meine Schwiegermutter an Weihnachten zu uns kommt. Diesmal lassen wir sie rein."

Dazu gehen uns die Radiomacher auf den Geist, die der Ansicht sind, es gäbe nur ein einziges Weihnachtslied, nämlich „Last Christmas". Das zunächst ein Osterlied gewesen war mit dem Titel „Last Easter". Als die Plattenfirma auf die Schnelle einen Weihnachtssong einforderte, änderte George Michael kurzerhand den Titel, fertig war der Nervtöter.

Also lieber fernsehen. Ganz schlechte Idee. Kevin ist schon wieder allein zu Haus. Wie immer an Weihnachten. Irgendjemand sollte endlich das Jugendamt informieren!

Okay, Smart TV wieder aus und aufs Handy gucken. Die Leute posten ohne Ende megaspaßige Videos, in denen Rentiere mit den Ohren oder dem Hintern wackeln, und dazu läuft was? „Last Christmas"!

Der Paketbote klingelt an der Haustür. Natürlich bringt er das Päckchen nicht hoch; also zwei Etagen runter, dann wieder rauf, und wofür? Für das obligatorische Geschenk von Tante Lisa. Dieses Jahr ein dreiteiliges Männer-Pflegeset mit „Anti-Aging-Effekt und Ginseng-Extrakt für den aktiven Lifestyle". Also bitte! Als hätte ich Anti-Aging und Ginseng nötig.

Ach, liebe Leute, es gibt so viele Zeitgenossen, denen man in den stillen Tagen am liebsten an den Kragen möchte. Aber wir machen das nicht, wir sind ja die Guten. Wir lesen nur darüber.

Wir haben einen Becher Weihnachtspunsch neben uns stehen, einen Teller mit Nussmakronen und Dominosteinen, leise flackert eine Kerze, und wir schlagen unser Buch auf.

Seid ihr so weit?

Dann ist es jetzt Zeit für die erste Geschichte. Auf der nächsten Seite geht's los!

Ein Weihnachtsstern für Vincent Klink

„Ich liebe es, mit Wein zu kochen", hatte der amerikanische Filmkomiker W. C. Fields einst erklärt, „gelegentlich gebe ich ihn sogar ins Essen."

Dieser Satz hätte auch vom schwäbischen Kochkaliber Vincent Klink stammen können, der sich selbst *Sitting Küchenbull* nennt. Ein Vincent Dampf in allen Gassen. Ohne eigenes Verschulden war er in Hessen auf die Welt gekommen, wuchs aber dann zur Wiedergutmachung in Schwäbisch Gmünd auf. In der Folge wurde er Klosterschüler, Metzgerlehrling, Bundeswehrsoldat, schließlich Sternekoch und Fernsehstar im 16:9-Format. Neuester Höhepunkt seiner Karriere: Verdächtiger in einer Mordermittlung zur Weihnachtszeit.

Klink ließ sich die seltsamen Ereignisse noch einmal durch den Kopf gehen, während er an einem Fenster seines Edelrestaurants *Wielandshöhe* stand und versonnen über das nächtliche Stuttgart blickte. Es schneite gerade, was hier eher selten vorkommt. In der Schwabenmetropole ist das Klima mild, da sind ein paar romantische Schneefleggla am Nachthimmel schon ebbes Bsonders.

Der Restaurantkritiker Ansgar Stahlmann war kein Weihnachtsmann, im Gegenteil, er war knallhart, nomen est omen. Ein Anwalt des teuren Geschmacks, ein Primus der Branche. Die Petersilienschaumsüppchen bebten vor Angst um ihren guten Ruf, wenn er in der gehobenen Gastronomie auftauchte. Dabei war sein Werdegang nicht unbedingt ein Ruhmesblatt. Begonnen hatte er als Autor von Groschenromanen. Stahlmann verantwortete damals die Serie *Berge des Schicksals*. Alle zwei Wochen ein Heft mit 64 Seiten, da raucht der Rechner, doch das Honorar ist übersichtlich. Ausgabe 122 brachte die Wende. In dieser Geschichte verirrt sich ein erfolgreicher und natürlich umwerfend gut aussehender Gastrokritiker in eine einfache Zillertaler Gaststätte und bekommt dort Tiroler Knödel serviert. Gerade hat ihn seine Frau verlassen, und der Bedauernswerte erlebt dank der Specksemmelknödel unerwartete Linderung seines

Schmerzes. Merke: Nicht nur Liebe, auch Trost geht durch den Magen. Wie der Groschenroman es so will, ist auch die Köchin kürzlich verlassen worden und entflammt im Herzen ob der lobenden Worte des Gastes. So findet eines zum anderen, beide finden auf Seite 63 ins Bett, und wenn sie im Liebesrausch nicht gestorben sind et cetera pp. Beim Schreiben der Story kam Stahlmann auf die Idee, Restauranttester zu werden. Lag doch auf der Hand. Schreiben konnte er, essen ebenfalls, sein Verlag brachte neben preisgünstigen Heftchen von der Stange auch richtige Bücher heraus, fertig war der neue Fresspapst.

Diesen Vincent Klink hatte er seit Anbeginn auf dem Zettel. Ganz eindeutig ein Nestbeschmutzer, der mit faulen Eiern und Tomaten nach den hehren Tempeln des Genusses warf. Der Dicke wetterte gegen die Pâté de foie gras, die Gänseleberpastete, wegen der angeblich armen Viecher, denen der Nahrungsbrei gnadenlos in den Hals gestopft wird, damit sie eine gourmettaugliche Fettleber entwickeln. Na und? Als Feinschmecker muss man auch mal wegschauen können. Und mit Trüffel verfeinert schmeckt die sündhaft teure Pampe doch köstlich!

Das hochtrabende San-Pellegrino-Wasser hatte Klink ebenfalls aus seinem Laden verbannt. Weil es vom Schweizer Weltkonzern Nestlé kommt, dem unter anderem Ausbeutung und Kinderarbeit in der Dritten Welt vorgeworfen werden. Was soll's? Dafür können westliche Kiddies sich an KitKat, Smarties und Choco Crossies erfreuen und sich damit die Zähne ruinieren. Wenn das kein Ausgleich ist! In seinem Tagebuch-Blog hatte sich Klink auch noch über die Konkurrenz lustig gemacht, wo steife Kellner beim Servieren sämtliche Details des Gerichtes herunterbeten, als wären die Gäste verkalkte Dummerle, die nicht mehr wissen, was sie bestellt haben: „Sorgsam gegrillte Atlantik-Seezunge auf Champagner-Kaviar-Spiegel an wildem Spinat mit Strohkartöffelchen." Noblesse oblige, Adel verpflichtet, Koch-Adel dichtet, Kellner schwafelt.

Vincent, der unmögliche Küchenrebell, machte drei Kreuze, als der Gourmet-Schreiberling samt Freundin endlich aus seinem Laden in die

Winterwelt hinaus verschwunden war. Mit Vergnügen hatte er ihm persönlich die Rechnung präsentiert. Nur die reichlich genossenen Schnäpsle am Schluss waren aufs Haus gegangen. Alles andere war fein säuberlich aufgelistet als Wiedergutmachung für den Verriss des Ostermenüs, den sich der geschmacklose Vielschreiber vor einem Dreivierteljahr geleistet hatte. Stahlmann war natürlich beleidigt, weil er zahlen musste. Zähneknirschend hatte er das Mäppchen mit seiner schwarzen Kreditkarte zurückgereicht, allerdings ohne ein sternegerechtes Trinkgeld zu gewähren. Okay, die Angestellten würden es verkraften. Beim nächsten Mal würde Klink wieder gnadenlos vorgehen, nahm er sich vor. Nicht ahnend, dass es kein nächstes Mal geben würde.

Cheyenne hatte gerade die Kerzen am Adventskranz angezündet, als sie Ansgars Stöhnen aus dem Schlafzimmer hörte. Sie eilte zu ihm und bekam gerade noch mit, wie der Seufzer erstarb, der Ansgars letzter sein sollte. Stille. Kein Atemzug mehr, nur noch Stille. Cheyenne suchte an der Halsschlagader nach dem Puls, fand aber keinen.

Der Notruf ging exakt um 20 Uhr ein, Rettungswagen und Notarzt wurden losgeschickt. Weinhaldenstraße 110 bei Stahlmann. Blaulicht, Martinshorn und durch! Die Helfer fanden ein modernes Einfamilienhaus vor, von hohen Hecken umstellt. Auf der Terrasse lag ein Weihnachtsbaum, noch im Netz gefesselt. Eine sichtlich mitgenommene Dreißigjährige mit aufgelöstem Haar öffnete die Tür.

Im Schlafzimmer roch es penetrant nach Alkohol. Ansgar Stahlmann lag auf der einen Seite des Doppelbettes, die Decke war halb zu Boden gerutscht. Auf dem Nachttisch eine Dose Red Bull und eine geöffnete Packung Schmerzmittel.

Der Mann war tot, zweifellos. Kein Fall für den Rettungswagen, ein Fall für Polizei und Rechtsmedizin. Als die Sanitäter gerade abziehen wollten, drang aus dem Wohnzimmer Brandgeruch. Der Adventskranz! Kurz entschlossen erstickten die Sanis das Feuer mit einem der voluminösen Kissen, die in der Sitzlandschaft herumlagen. Wenigstens *eine* Rettung gelungen!

Als die Kripo eintraf, hatte der Notarzt seine Untersuchung abgeschlossen. Keine äußeren Verletzungen. Der Tod möglicherweise eine Wechselwirkung von Alkohol und Schmerzmittelgaben. So etwas ist immer ungesund, selten letal, aber manchmal doch. Er übergab an den Rechtsmediziner, nahm seine Sachen und verließ das Haus.

Im Garten, wo eine LED-geschmückte Zypresse romantisch in den Schneefall strahlte, griff er zu seinem Mobiltelefon: „Falco, ich hab was für dich! Einen seltsamen Todesfall mit einer prominenten Leiche."

Falco Freiwald, genannt FF, Klatschreporter beim *Stuttgarter Kurier*, war höchst angetan. Er hatte einen Deal mit dem Notarzt. Für jeden Tipp eine finanzielle Zuwendung. Das medizinische Personal im öffentlichen Dienst ist ja hierzulande nicht gerade überbezahlt. FF bedankte sich für die Information, die eine Steilvorlage war für eine Knaller-Schlagzeile: „Restaurant-Kritiker gibt bei Klink den Löffel ab!"

Schimanski hatte sein Team versammelt.

Da ist mir jetzt nichts durcheinandergeraten, der hieß wirklich so. Mitten in Schwaben, wo alle, die nicht Brüderle heißen, Häberle heißen oder wenigstens Vögele. Der Kommissar aber hieß Schimanski. Immerhin nicht mit Horst davor, sondern mit Heinz. Mit dem Ruhrpott-Rambo aus dem Duisburger Tatort, Gott hab ihn selig, hatte er rein gar nichts gemein. Er vermied Prügeleien, ernährte sich nicht von Currywurst, sondern von Spätzle, und trank statt Bier lieber Trollinger.

Er war nicht nur ein gemütlicher, sondern auch ein moderner Schwabe. Was im Grunde Pflicht ist im Land von Daimler, Bosch und Carl Zeiss. Technisch voll auf der Höhe der Zeit, hatte er die Flipcharts abgeschafft und durch einen Großbild-Monitor ersetzt. Neben dem stand er jetzt und stellte die Frage aller Fragen: „Was habet mr?"

Auf Kriminal-Hochdeutsch: „Was haben wir?"

Als Hauptdarsteller hatten sie den toten Ansgar Stahlmann, Schriftsteller und Restaurant-Kritiker. Auf dem Bildschirm erschien ein Foto von Stahlmann aus lebendigen Zeiten.

„Umstrittene Figur", ließ sich Lavinia vernehmen, die Recherche-Göttin der Truppe. „Karrierist, ehrgeizig ohne Ende, hatte etliche Köche an den Rand der Existenz geschrieben, ging über Leichen. Jetzt ist er selbst eine."

Als nächstes Bild erschien eine Spätzle-Werbung, die eine attraktive Brünette zeigte.

Lavinia fuhr fort: „Stahlmann war zusammen mit Cheyenne Seitenbacher, ein in Schwaben weltbekanntes Model für Teigwaren-Werbung. 31 Jahre, polizeilich unauffällig."

Zu guter Letzt noch der Kopf aller Köpfe. Vincent Klink, Gastronom, bei dem das Opfer am Abend vor seinem Ableben zum Essen war. Lavinia erklärte dazu: „Da der Tote wohl vergiftet wurde, müssen wir Herrn Klink zu den Verdächtigen zählen, ob wir wollen oder nicht. Die toxische Substanz ist dem Gast ja wohl mit einem Getränk oder einer Speise zugeführt worden."

Kommissar Schimanski grinste innerlich: „Toxische Substanz!" Lavinia liebte es, sich so auszudrücken, als hätte sie sämtliche Bachelor-Grade nur um Haaresbreite verpasst.

Jetzt lag es am Rechtsmediziner, die toxische Substanz näher zu erläutern. Der Mann war ein elendiglich dürrer, blasser und strohtrockener Kerl. Den Großbildschirm ignorierte er, schließlich hatte er alles mit schwäbischer Gründlichkeit in einer Kladde notiert. Der Doc setzte seine Brille auf, räusperte sich und begann.

„Das Ableben ist in der Tat auf eine Vergiftung zurückzuführen. Mit Methylalkohol, kurz Methanol. Das Gift geht immer wieder durch die Presse, wenn Leute sterben, die gepanschten Schnaps getrunken haben, der mit billigem Methanol versetzt worden war. In dieser Hinsicht sollten wir Vincent Klink ausschließen. Es ist kaum vorstellbar, dass er seine edlen Obstwässerle mit Billigfusel streckt."

Der Doc machte eine Pause, aber niemand tat ihm den Gefallen, wegen der läppischen Pointe in Begeisterung auszubrechen.

Auch gut, Fortsetzung folgte: „Die Beschwerden bei einer Intoxikation mit Methylalkohol ähneln einem Alkoholkater enormen Ausmaßes. Hämmernde Kopfschmerzen, grauenhafte Übelkeit, Bewusstseinsstörungen, Schwindel. Der Betroffene kann davon ausgehen, dass er sich einfach einen riesigen Rausch angetrunken hat.

Weiters habe ich erhebliche Mengen an Schmerzmitteln nachweisen können. Wenn der Schädel brummt, greift man eben zu Acetylsalicylsäure und Co. Kombinationen von Alkohol und Analgetika sind jedoch unberechenbar und können sich in der Wirkung aufschaukeln.

Hier wollte also jemand wirklich auf Nummer sicher gehen. Entweder Stahlmann selbst, falls es Suizid war, oder sein Mörder, falls es eine vorsätzliche Tötung war. Aber das müssen *Sie* herausfinden. Ich danke Ihnen!"

Der Doc nahm die Brille ab, schloss die Kladde und entschwand in seinen Leichenkeller. Wo er eindeutig hingehörte, nicht nur wegen seiner Profession, sondern auch wegen seines Aussehens.

Fehlten noch die Erkenntnisse der Kriminaltechnik, also von den Spürnasen in den weißen Plastik-Klamotten, die jeden Tatort so lange auseinandernehmen, bis es sich gelohnt hat. In ganz vielen heutigen Fernsehkrimis wird die Truppe auch als *Spusi* bezeichnet.

Kommissar Schimanski konnte es kurz machen: „Die Spurensicherung hat nichts Nennenswertes gefunden. Die Red-Bull-Dose war unauffällig, die Schmerzmittel ebenso.

Also Aufgabenverteilung: Lavinia, Sie reden mit dieser Cheyenne von Frau zu Frau, und ich suche den Sternekoch auf."

Schimanski hatte sich ganz bewusst für den Koch eingeteilt, es könnte ja sein, dass dort gerade ein paar Maultäschle in der Brühe brodelten.

Sie brodelten tatsächlich. Klink hatte auch den Blick des Kommissars gesehen und fragte unschuldig: „Mögad Sie probiere?"

Schimanski mochte. Sie gingen aus der edelstahlblitzenden Küche, wo der ganz normale gastronomische Wahnsinn tobte, ins Restaurant und nahmen an einem Zweiertisch Platz. Der war schon eingedeckt für das Mittagsgeschäft. Es zierte ihn ein minimalistischer Adventskranz aus dem Schwarzwald mit Kerze in der Mitte. Dazu Stoffservietten, blank polierte Gläser, Silberbesteck mit den Initialen VK.

Und der Chef vom Ganzen sollte ein potenzieller Mörder sein? Schimanski beschloss, dass er es nicht war. Außer die Ermittlung ergab etwas anderes.

Der Souschef persönlich brachte die Herrgottsbscheißerle in der Terrine und schenkte anschließend zwei Riesling ein. Klink und Schimanski hoben die Gläser, anschließend langte der Kommissar zu.

Mit großem Appetit und kulinarischem Geschichtsbewusstsein, auf das er stolz war. Denn er wusste genau, wie die schwäbischen Ravioli zu ihrem Spitznamen gekommen waren.

Im Dreißigjährigen Krieg, in dem das Leben karg war und die Mägen meist leer, waren die darbenden Mönche des Klosters Maulbronn unverhofft an ein anständiges Stück Fleisch gekommen. Ein flüchtender Dieb hatte es verloren. Dummerweise war gerade Fastenzeit, Fleischverzehr strikt verboten. Also kamen die gewitzten Zisterzienser auf die Idee, das Fleisch – Simsalabim! – einfach zu verstecken. Sie hackten es klein, mischten Spinat und die Kräuter des Klostergartens hinein und wickelten das Brät in einen Nudelteig. Dann kochten sie die Teigtaschen in einer Brühe. Nationalgericht erfunden, Beschiss gelungen!

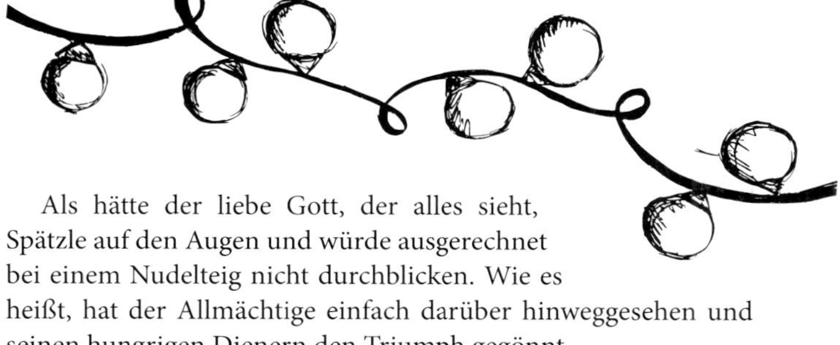

Als hätte der liebe Gott, der alles sieht, Spätzle auf den Augen und würde ausgerechnet bei einem Nudelteig nicht durchblicken. Wie es heißt, hat der Allmächtige einfach darüber hinweggesehen und seinen hungrigen Dienern den Triumph gegönnt.

„Sensationell!“, befand der Kommissar kauend, „trotzdem muss ich Sie fragen, wie das vorgestern Abend war, als dieser Stahlmann hier gegessen hat.“

„Keine außergewöhnlichen Vorkommnisse“, erwiderte Klink, „er tauchte mit seiner Spätzle-Schönheit auf, sie bestellten beide die Keule von der Martinsgans, tranken dazu zwei Flaschen von meinem besten Roten und erwarteten wohl, dass ich alles spendiere. Aber meine Spendierhosen waren gerade in der Reinigung.“ Klink feixte spitzbübisch.

„Den Digestiv habe ich ihnen ausgegeben, sie haben ganz schön zugeschlagen. Dann hat er ein Taxi gerufen, und sie sind Arm in Arm hinausgewankt. Türe zu, Ende der Geschichte.“

Schon wieder kam das kulinarische Geschichtsbewusstsein des Kriminalers Heinz Schimanski zum Tragen. Er wusste nämlich auch, warum man Martinsgänse isst und nicht Herrmannsgänse oder Friedrichsgänse. Der heilige Martin von Tours war ein Bischof gewesen und stand in seiner Cathédrale Saint-Gatien gerade auf der Kanzel, um eine Predigt zu halten. Da kam eine schnatternde Gänseschar in den Dom gewatschelt und störte den Bischof bei seiner Ansprache. Daraufhin wurden die Gänse eingefangen und kamen nach dem Hochamt in den Ofen. Die heilige Kirche ist nicht immer zimperlich. Und auf Sünder, auch auf tierische, warten eben die Flammen der Hölle. Welch ein Glücksfall für Feinschmecker!

„Restaurant-Kritiker gibt bei Klink den Löffel ab“. Sternekoch Dallmeier vom ländlichen Nobellokal *Gutshofstüble* nahm gerade seinen dritten Morgen-Espresso und dazu das bewährte Aufputschmittel aus der kleinen Tüte. Mit Genugtuung las er im *Stuttgarter Kurier* den Artikel über das Ableben des Ansgar Stahlmann und grinste innerlich: „Wer sich in Gefahr begibt, kommt darin um. In Teufels Küche erst recht!“

Lavinia wurde aus dem Spätzle-Model nicht so recht schlau. War diese Cheyenne Seitenbacher jetzt ein naives Dummchen oder ein abgefeimtes Luder? Wie auch immer, sie würde ihr auf die Schliche kommen.

Die beiden saßen in einer hochmodernen und hochpreisigen Wohnlandschaft. Auf dem quadratmetergroßen Couchtisch winzige Espressotassen, kristallene Wassergläser und ein ebenso kristallener Teller mit exquisiten, kleinen Macarons aus der Confiserie Breuninger. Stückpreis zwei Euro, aber jeder Brösel sein Geld wert. Ohne künstliche Aromen, ohne Farbstoffe, ohne Konservierungsmittel. Das heißt auffuttern, denn nach drei Tagen sind sie hinüber.

Ach ja, Macarons sind luftige Baisers aus Mandelmehl in wohlschmeckenden Geschmacksrichtungen wie Salzkaramell, Pistazie oder Champagner. Zur Weihnachtszeit brillieren die Sorten Nussknacker und Bratapfel.

Die Geschmacksrichtung des ausladenden Wohnzimmers war angekokelter Adventskranz. Cheyenne ließ stockend die letzten beiden Tage aus ihrer Sicht Revue passieren.

„Vorgestern war ein Arbeitstag von der unangenehmen Sorte. Ansgar machte Reiseabrechnungen, und ich beantwortete seine Fanpost. Nervig, sag ich Ihnen. Sie glauben nicht, was die Leute alles wollen. Einer hat geschrieben, er sei nächste Woche in Stuttgart, ob er kurz vorbeikommen könne?

Am Nachmittag haben wir zum Durchschnaufen eine Flasche Wein aufgemacht. Einen feinen Cabernet Sauvignon, ausgezeichnet mit dem *Mundus Vini Preis*. Ein Geschenk von Hubertus Dallmeier vom Restaurant *Gutshofstüble*, das Sie wahrscheinlich nicht kennen."

„Blöde Kuh", dachte Lavinia, „jetzt hast du es dir verscherzt!"

Nach außen gab sie sich beeindruckt: „Nie gehört. Was ist das für ein Laden?"

„Kein Laden", gab Cheyenne zurück, „das Haus hat immerhin einen Stern. Zu Unrecht, wie Ansgar meinte, und das hat er auch in mehreren Kritiken sehr deutlich geschrieben. Deswegen das Weinpräsent. Pure Bestechung, aber lecker. Die gestrige Flasche war die letzte aus einem Sechserkarton."

Lavinia wurde hellhörig, ließ sich aber nicht anmerken, was sie dachte: „Wein von einem Koch, der Verrisse eingeheimst hatte. War da vielleicht ein Fläschchen mit Methylalkohol versetzt gewesen? Das Spätzle-Model war allerdings noch am Leben. Trotzdem bedenkenswert."

„Wer hat wie viel getrunken?", fragte sie nach.

„Ich nur ein Glas, Ansgar den Rest."

„Und weiter?"

„Weiter nichts Besonderes. Abends sind wir dann mit dem Taxi in die *Wielandshöhe* gefahren. Wir haben Keule von der Martinsgans gegessen, geredet, getrunken, und der sture Klink hat uns gnadenlos bezahlen lassen. Ausgenommen die Schnäpsle am Schluss. Der Mann ist halt ein Schwab. Wenn er nicht will, dann will er nicht. Ansgar hat die Kreditkarte gezückt, dann sind wir mit dem Taxi nach Hause gefahren.

Mein Liebster war bis zum Rand abgefüllt und fiel gleich ins Bett. In der Nacht ging es ihm dann verdammt schlecht. Er hatte einen Mordskater und hat sichtlich gelitten. Ich habe ihn mit Schmerzmitteln vollgestopft und am nächsten Tag mit Salzstangen und Red Bull ernährt. Trotzdem wurde es nicht besser. Im Gegenteil. Den Rest kennen Sie."

Cheyenne sackte in sich zusammen und schlug die Hände vors Gesicht. Die Teigwaren-Schönheit hatte sich mit ihrer Schilderung offensichtlich komplett verausgabt, sie schien am Ende, sie schluchzte. Lavinia war versucht, ihren Arm um die Frau zu legen, was als Ermittlungsmaßnahme aber nicht vorgesehen ist. Also blieb die Beamtin sachlich.

„Haben Sie die Weinflasche von diesem Dallmeier noch?"

„Nein, die ist weg", schniefte Cheyenne, „im Müll. Der wurde gestern Vormittag abgeholt."

„Ist nicht so schlimm", versuchte Lavinia zu trösten, „bitte halten Sie sich zur Verfügung. Und noch einmal mein Beileid!"

Die Ermittlerin griff sich vorausblickend noch ein paar Macarons, Geschmacksrichtung Eierlikör, bevor das Verfallsdatum zuschlug. Wäre ja schade drum, Lebensmittelverschwendung ist heutzutage nicht mehr zu tolerieren. Dann verließ sie die Villa. Der Christbaum lag immer noch im Netz gefesselt auf der Terrasse. Hier gab es keinen Grund mehr, Weihnachten zu feiern.

Dallmeiers Restaurant *Gutshofstüble* war optisch gewöhnungsbedürftig. Untergebracht in einem würdevollen alten Herrenhaus, leider frisch möbliert nach dem neuesten Stand der Landhausmode. Also stylish-scheußlich. Will heißen, der Laden tat wahnsinnig urig und traditionell, war aber nur eine miserable Kopie von bewährten schwäbischen Traditionen. Aus aktuellem Anlass waren die diversen Stuben auch noch bis zur Decke garniert mit Tannengrün, Mistelzweigen und roten Schleifchen. Schimanski fand das alles ganz furchtbar, aber er war ja nicht hier, um dem Inhaber seine Verfehlungen wider den guten Geschmack vorzuhalten.

Er kam gleich zur Sache: „Sie haben dem Restaurantkritiker Ansgar Stahlmann einen Karton edelsten Wein geschickt, ist das richtig?“

„Na und?“, knurrte Dallmeier, „Geschäftsbeziehungen müssen gepflegt werden.“

„Auch schlechte Geschäftsbeziehungen?“, konterte der Kommissar. „Er hat Ihre Kochkünste ja in Grund und Boden geschrieben. Könnte es sein, dass dem Weinpräsent etwas beigemischt war, das man als Problemlöser bezeichnen könnte? Methylalkohol beispielsweise?“

Der Koch runzelte die Stirn: „Ich soll den Blutsauger ermordet haben? Sind Sie noch zu retten? Und wenn schon, dann hätte ich es stilgerecht gemacht. Mit einem Pilzragout etwa. Kugelfisch ist ja in Deutschland verboten. Einen teuren Wein zu panschen, und das auch noch mit Gift, ist gegen die Berufsehre. Außerdem habe ich den Karton direkt an Stahlmann liefern lassen, das Präsent war niemals hier im Haus. Die Bestellbestätigung ist auf meinem Rechner. Alles klar?“

„Alles klar“, Schimanski war bedient. Dieser stinkstiefelige Pfannenwender hatte zwar ein Motiv, aber leider auch eine überzeugende Erklärung, dass er es nicht sein konnte. Der Herr Dallmeier und sein gefälschtes Stüble waren für ihn damit auf ewige Zeiten gestorben.

Diese Formulierung klang jetzt nicht so glücklich, denn gestorben war ja dieser Stahlmann, und der Kommissar hatte noch immer keine Spur.

Verflixt, haidenai, an rechdr Dregg!

Für den Klatschreporter Falco Freiwald, FF genannt, war die Erfolglosigkeit der Polizei ein Segen. So konnte er die Mordgeschichte rund um den Restaurantkritiker am Kochen halten. Auch vom Methylalkohol als wahrscheinlicher Todesursache hatte er erfahren und die Sache im Blatt genüsslich breitgetreten.

Die griechische Putzfrau Konstantina hatte den Artikel interessiert gelesen und begann sich zu erinnern.

Währenddessen saß Freiwald schon an seiner nächsten Story. Gerade war er von Stahlmanns Beerdigung zurückgekommen, die Polizei hatte den Leichnam freigegeben. FF hatte genügend ernst dreinblickende Gesichter gesehen, um eine vor Betroffenheit strotzende Schilderung in den Rechner zu hämmern. Wie die Schwaben-Prominenz ihren Geschmacksexperten auf dem letzten Weg begleitet hatte, vereint im Angesicht des Todes. Dem Ereignis entsprechend in düster-schicke Designer-Klamotten gekleidet. „Eine Bilderstrecke finden Sie in unserer Online-Ausgabe."

Unter uns gesagt, Freiwalds Schilderung war der branchenübliche Kitschroman. Die Wahrheit sah so aus: Cheyenne Seitenbacher, die Hinterbliebene, hatte würdevoll versteinert gewirkt, die ganze Bestattung war eine imposante Show gewesen. Wie immer in solchen Fällen, eine medienwirksame, skurrile Mischung aus echter Trauer und Schaulaufen.

Konstantina hatten den Todestag des Kritikers wieder auf der Reihe und war auf eine weitere Erinnerung gestoßen. Sie rief die Polizei an.

Heinz Schimanskis Büro war typisch Behörde. Funktionale Möbel-Tristesse. Viele Kollegen waren der Versuchung erlegen, die innenarchitektonisch verordnete Eintönigkeit mit persönlichen Habseligkeiten aufzuhübschen: Ehrenurkunden, Polizeiwinkel, ein Mallorca-Poster als Urlaubserinnerung. Zur Weihnachtszeit ein Wackel-Nikolaus und ganzjährig die bewährte Sansevieria. Die ideale Büropflanze, unkompliziert, unkaputtbar, auch wenn man einige Wochen lang das Wässern vergisst. Entsprechend sehen die meisten auch aus.

Beim Kommissar herrschte dagegen Kahlschlag. Bis auf ein einziges Gemälde an der Wand, das *Blaue Bild* des Expressionisten Wassily Kandinsky. Es zeigt auf blauem Grund ein Durcheinander aus bunten Quadraten, Dreiecken, Strichen und Farbklecksen. Natürlich war es nicht das Original, sondern eine Reproduktion aus einem Kunstshop im Internet. Trotzdem schlappe 400 Euro.

Er hatte das Bild gewählt, wie es für ihn die Ausgangssituation jeder Ermittlung darstellte, ein spannendes Chaos, das es zu entschlüsseln galt.

„Oh, Kandinsky", bemerkte Konstantina, als sie das Büro betrat. Der Kommissar war verblüfft, die Griechin war das gewohnt.

„Sie fragen sich jetzt, woher eine Putzfrau Kandinsky kennt. Ganz einfach, ich habe in meiner Heimat Kunstgeschichte studiert, bin aber nicht fertig geworden, weil Nikos dazwischenkam, mein Sohn. Noch vor der Geburt bin ich mit meinem Mann nach Deutschland gegangen, und jetzt bessere ich mit Minijobs die Haushaltskasse auf. Zweimal in der Woche putze ich bei Herrn Stahlmann und seiner Freundin.

Auch am Tag, als er starb, war ich da. Als ich den Müll hinausgebracht habe, waren die üblichen leeren Weinflaschen drin. Vom Glascontai-

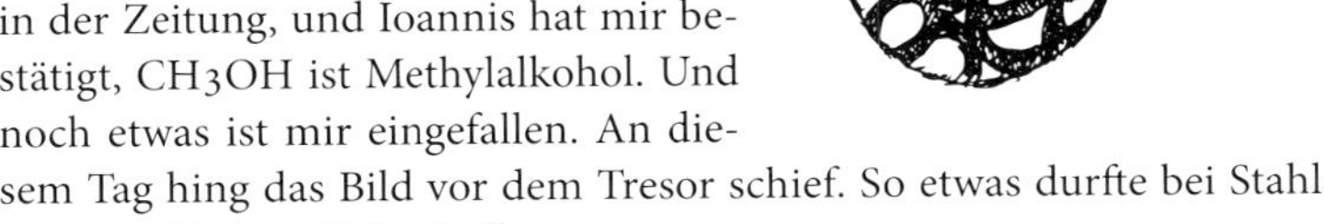

ner halten die beiden nichts. Und noch etwas war drin, ein braunes Glas mit der Aufschrift CH3OH. Ich habe mir weiter nichts dabei gedacht, aber die Formel habe ich mir gemerkt. Mein Mann ist Apotheker. Jetzt stand die Geschichte mit der Methanol-Vergiftung in der Zeitung, und Ioannis hat mir bestätigt, CH3OH ist Methylalkohol. Und noch etwas ist mir eingefallen. An diesem Tag hing das Bild vor dem Tresor schief. So etwas durfte bei Stahlmann auf keinen Fall sein."

Konstantina Sideropoulos lehnte sich zurück: „Das ist alles, was ich weiß. Aber vielleicht ist es wichtig."

Schimanski sah endlich einen Ausweg aus dem Kandinsky-Chaos: „Das ist mehr als wichtig, das ist die erste wirklich heiße Spur in diesem Fall. Sie henn a Näsle. Verzeihung, Sie haben einen guten Riecher. Falls Ihnen noch etwas einfallen sollte, hier meine Karte."

Er überreichte sein Kärtchen, bedankte sich und geleitete die hilfreiche, kunstverständige Putzfrau bis an den Lift. Als er in sein Büro zurückkam, wartete schon Lavinia.

„Gute Nachrichten, Chef! Wir haben Stahlmanns Nachbarn abgeklappert, und mehrere haben von einem roten Sportwagen erzählt, der in letzter Zeit öfter vor dem Haus geparkt hat. Immer wenn der Hausherr nicht da war. Einer der Nachbarn ist Autofreak und hat den Wagen als Alfa Romeo Giulietta Typ 940 identifiziert. Natürlich in Rot. Fast alle Alfas sind rot, als wären sie Ferraris. Der Mann hatte sogar das Kennzeichen bruchstückhaft im Kopf. Ergebnis: Der Flitzer gehört einem Pavel Pasek, polnischer Staatsangehöriger, arbeitslos gemeldet, keine Vorstrafen."

„Okay", beschied Schimanski, „die Kollegen sollen diesen Pasek auftreiben und hierherbringen. Dann statten wir alle gemeinsam der Frau Seitenbacher einen Besuch ab."

Als der Streifenwagen vor dem Haus ankam, wusste Pavel Pasek, dass er sich aus seiner Einzimmerwohnung davonmachen musste. Mit der Kohle natürlich. Fast hätte er es geschafft, aber nur fast. Die junge Beamtin mit dem schicken blonden Zopf war schneller. Eine Frau Bond in Blond. Oder ist das jetzt diskriminierend?

Wie auch immer, es klickten die Handschellen. Flucht misslungen, verflucht! Interessant war die Einkaufstüte, die der Pole bei sich hatte. „Erst mal zu Penny", stand darauf, aber von Pennys konnte keine Rede sein. Dafür enthielt die Tasche eindeutig zu viele Euro-Scheine in den teuren Farben Grün, Gelb und Rot.

Das Spätzle-Model öffnete die Tür und wurde noch bleicher als eine Pasta mit weißem Spargel.

„Mir kommet jetzt rein, und Sie kommet mit", verkündete Schimanski. Cheyenne hatte begriffen und führte den Kommissar, Lavinia und den polnischen Herrn Pavel ins Wohnzimmer, das noch immer nach angebranntem Adventskranz roch.

Schimanski fixierte die Madame Seitenbacher mit einem Blick, der gar nicht schwäbisch-gemütlich war, sondern polizeilich durchdringend wie eine HK P30 des ebenfalls schwäbischen Waffenherstellers Heckler & Koch.

„Ich mache es kurz: Reden Sie, dann wird es zwar schlimm, aber nicht ganz so schlimm, wie wenn Sie nicht reden. Wir wissen, was passiert ist. Wir haben die Scheine, und darauf sind Fingerabdrücke, auch die Ihren!"

Cheyenne Seitenbacher wirkte plötzlich ganz klein in der riesigen Sitzlandschaft und war offensichtlich froh, das Versteckspiel beenden zu können.

„Er war ein Schweinehund", begann sie. „Erst war er mein Prinz auf dem weißen Pferd, mit der Zeit aber wurde unser Zusammensein ein Höllenritt. Er behandelte mich genauso wie seine Sterneköche. Wenn du nicht parierst, mach ich dich fertig! Ich war sein strahlendes Aushängeschild, die attraktive Geliebte, die er auf den großen Events präsentierte, aber daheim wurde ich mehr und mehr zum Putzlappen. Gerade gut genug, um seine Post zu machen. Und als Notnagel beim Vögeln, wenn eine seiner blöden Schlampen Migräne hatte. Es war unerträglich. Ich wollte nur noch weg. Da kam Pavel, wie vom Himmel geschickt. Er war ganz anders als Ansgar, er war einfühlsam, war ein Kerl, aber kein Mistkerl. Allerdings war er arbeitslos, und meine Nudel-Model-Jobs wurden immer weniger. Sobald die ersten Fältchen kommen, bist du nicht mehr al dente.

Zum Glück wusste ich von den Bestechungsgeldern im Tresor, hatte per Zufall den Code mitbekommen. Ich war bereit. Ansgars Trinkerei legte eine Alkoholvergiftung nahe. Ein Massensterben in Indien mit 30 Todesfällen war die Bedienungsanleitung. Die Leute waren an einem Schnaps gestorben, der mit Methanol gestreckt war. Hier in Deutschland als Privatperson Methanol zu besorgen, ist praktisch unmöglich, das Zeug ist zu giftig. Sie wissen das natürlich. Aber in Polen geht das *na levo*, also auf die linke Tour."

Sie sah auf, und ihr Blick zu Pavel war dermaßen liebevoll, dass Schimanski am liebsten den ganzen Fall unter den Teppich gekehrt hätte. Aber es war zu eindeutig.

Cheyenne hatte an besagtem Nachmittag eine Flasche des Dallmeier-Kartons geöffnet und Ansgars Glas nicht nur mit französischem Cabernet Sauvignon gefüllt, sondern auch mit dem polnischen Methanol. Ihr eigenes Glas selbstverständlich nur mit dem Wein.

Nach dem Dinner in der *Wielandshöhe* wieder zu Hause, hatte sie dem besoffenen Stahlmann noch ein paar präparierte Schoppen nachgereicht. Bis die letzte noch vorhandene Dallmeier-Flasche leer war. Groddavoll, also betrunken wie er war, hatte Ansgar die tödliche Mischung unkontrolliert in sich hineingeschüttet.

Am nächsten Tag räumte Cheyenne den Tresor aus bis auf ein paar Alibi-Scheine, Pavel holte die Beute ab. Stahlmann litt seinem Ende entgegen. Am Abend spielte sie dann die trauernde Hinterbliebene, der kein Trost der Welt mehr helfen konnte. Um nach angemessener Trauerzeit mit Pavel ein neues Leben anzufangen, finanziert von Spitzenköchen, die ihren Status nicht nur mit Können, sondern auch mit Geld zu erhalten versuchten. So der Plan, ein Plan, der nicht aufgegangen war.

Cheyenne und Pavel wurden getrennt abtransportiert. Für Jahre getrennt.

Schimanski ließ es sich nicht nehmen, dem Gastronomen Klink persönlich Bericht zu erstatten über die Lösung des Falls. Natürlich hatte er dabei auch die leckeren Maultäschle im Hinterkopf. Ein Schelm, wer Arges dabei denkt. Klink bewies ein hervorragendes Erinnerungsvermögen, die Täschle siedeten schon in der Brühe.

„Ebbes tät mi noch interessiere", forschte er neugierig nach, als der Kommissar seine Herrgottsbscheißerle verdrückte. „Bekommt diese griechische Putzfrau eigentlich eine Belohnung? Für sachdienliche Hinweise, wie es immer heißt?"

„Noi“, gab der Kommissar Auskunft, „die gibt es nur, wenn die Polizei oder die Staatsanwaltschaft eine Belohnung auslobt oder auf private Initiative. Übrigens: D’ Maultäschle senn sauguad!“

Am zweiten Weihnachtsfeiertag hatte die *Wielandshöhe* ganz spezielle Gäste. Konstantina Sideropoulos, ihren Mann Ioannis und Sohnemann Nikos. Küchenbulle Klink nahm persönlich die Bestellung auf. Alles ganz normal, bis auf den Buben, der seine geschmälzten Maultaschen ausdrücklich mit Ketchup bestellte.

Mutter Konstantina wollte gerade eingreifen, da legte Klink ihr beruhigend die Hand auf den Arm: „Ketchup, selbstverständlich, mit dem größten Vergnügen!“

Dann rollte er Richtung Küche und gab die Bestellung ab. „Ketchup mach ich persönlich“, ließ er wissen.

Ketchupflaschen sind in einem Sterneladen nämlich grundsätzlich gegen die guten Sitten, aber die Zutaten zur Würzsauce sind vorhanden: Passierte Tomaten, Zwiebel, Essig, Senf, Pfeffer, Zucker. Also koi Problem.

Familie Sideropoulos genoss die Einladung sichtlich, Klink nahm es zufrieden zur Kenntnis. Er strich wie zufällig am Tisch vorbei und fragte den mampfenden Jungen: „Na, alles in Ordnung? Auch das Ketchup?“

Nikos war des Lobes voll: „Wie bei McDonalds!“

Vincent musste schmunzeln: Da hatte er sich doch einen echten Weihnachtsstern erkocht!

Blitzsauberer Doppelmord

Schwaben ist ein gesegnetes Land, auch wenn der Schöpfer kein Schwabe sein kann. Er hat nämlich am siebten Tag geruht. Wäre er aus Burladingen oder Bad Cannstatt gewesen, hätte er an diesem Tag auch noch was g'schafft. Ein paar Tierarten mehr, eine zweite Sonne oder den Tannenbaum, der nicht nadelt.

Nun gut, im Ländle kann man zufrieden sein mit dem, was der Alte in sechs Tagen hingekriegt hat. Den Bodensee, den Neckar, einen Berg für den Stuttgarter Fernsehturm, den Trollinger, die Laugenbrezel, den Dichter Friedrich Schiller, das Lästermaul Harald Schmidt und den Tübinger Chemiker Rolf Hein, den Erfinder des Seifenblasen-Wunders *Pustefix*. Reschbeggd!

Torben war trotzdem enttäuscht von Gottes schöner Welt. Er hatte alles satt. Sein Leben, seine Ehe, seinen Glauben, den penetranten Geruch nach Weihrauch in der Kirche, die Tannenbäume rund um den Altar. Auch die Krippe, die der Kirchendiener pünktlich zum ersten Advent aus den Katakomben hochgeschleppt und penibel aufgebaut hatte. Diese Ein-Sterne-Unterkunft mit Ochs und Esel und den zwei Figuren aus Nazareth, die einen Anarchisten gezeugt hatten, der angeblich trotzdem Gottes Sohn war. Der Sohn eines Gottes, der sich beim Zeugungsakt von einem gewissen Heiligen Geist hatte vertreten lassen. Komplizierter geht's nicht, aber so steht es geschrieben. Amen!

Viel Mysteriöses, was Kirchen zu bieten haben. Für Torben waren sie trotzdem immer noch ein Ort, um Antworten zu suchen. Wo war die verlorene Zufriedenheit geblieben, sein entschwundenes Glück und die Leichtigkeit des Seins?

Wo war er selbst geblieben, seit er nicht mehr war wie früher? Aber das Gotteshaus blieb still und leer und antwortete nicht.

Vielleicht musste es erst die rauschende Christmette verdauen, die vorgestern gefeiert worden war. Die Jubelgesänge der Orgel, die geballte Schar der Gläubigen, die sich längst wieder in alle Winde zerstreut hatte. Bis zum nächsten Jahr beim nächsten Mitternachtsgottesdienst. Die Menschen sind nur noch Kirchgänger, wenn Weihnachten ist. Oder bei Geburt, Hochzeit und Tod.

Die Lukaskirche im kleinen Dörfle war ein schlichter Bau, kein katholisches Barockjuwel. Irgendwann im Mittelalter errichtet, in etlichen Kriegen ramponiert und immer wieder hergerichtet. Die letzten Wunden stammten aus dem Zweiten Weltkrieg und waren inzwischen verarztet.

Torben blickte auf weiß gestrichene Wände mit bunten Fenstern aus den 50er-Jahren und auf einen einfachen Altartisch, flankiert von den dicht an dicht stehenden Weihnachtsbäumen. Alles zusammen nicht nur das Haus Gottes, sondern auch das Reich seiner Ehefrau Vera, die hier als Pastorin amtierte. Und die schuld daran war, dass Torben überhaupt so viele Fragen hatte.

Als Theologiestudentin war Vera ein Feger gewesen und hatte das auch genossen. Das lutherische Bekenntnis macht einfach mehr Spaß als das katholische. Evangelische Würdenträger oder solche, die es werden wollten, können es treiben, wie sie wollen, es wird nicht sanktioniert.

Katholische Würdenträger tun desgleichen, aber sie dürfen sich auf keinen Fall dabei erwischen lassen. Und werden sie erwischt, werden sie auch nicht sanktioniert, es wird vertuscht. Was unter der Bettdecke geschieht, muss drunter bleiben, weil es so verdammt peinlich ist.

Nachdem sich Torben und Vera auf einem Kirchentag kennengelernt hatten, beschlossen sie eines Nachts, das Zelt zu teilen – und die lutherischen Freiheiten ebenso. Der Beschluss hatte Folgen. Genauer gesagt eine. Diese Folge sollte später Nele heißen. Als die Schwangerschaft für alle sichtbar wurde, hatte Torben Vera geheiratet. Aus Anstand und weil er nicht nachweisen konnte, dass der Heilige Geist daran schuld war. Dabei hatte er feststellen müssen, dass Anstand sich nicht lohnt. Wenn die Partnerin unanständig ist. Trotz Theologie. Es hatte nämlich noch andere Zelte auf dem Kirchentag gegeben und andere Freiheiten. Und weitere Inkarnationen des Heiligen Geistes.

Torben realisierte das alles erst später, als er im Pfarrhaus des Dörfles lernte, mit Pampers umzugehen. Immer wenn er seiner kleinen Tochter beim Wickeln in die Augen sah, musste er sich fragen, ob sie diese Augen von ihm hatte oder von Vera. Er bekam keine Antwort darauf, die Augen blieben ihm fremd. Wenn die Kleine dann – wieder in trockenen Tüchern – fröhlich krähte, vergaß er die Zweifel. Aber ganz tief drinnen blieb die Frage: Wessen Augen sind das?

Zumal Veras Leidenschaft merklich abkühlte, ihr Vorrat an eindeutigen Slips und BHs aber deutlich zunahm. Genau wie die Seelsorgetermine für hilfebedürftige Schäfchen auf der Weide des Herrn. Wobei sich der Verdacht aufdrängte, dass es sich eher um einen Bock handelte. Der Bock, der ein Gärtner war, wie Torben per Zufall herausgefunden hatte. Dorfgärtner Nikolaus Schmelzer, der Kirche innig verbunden als Lieferant des Blumenschmucks und als Gemeindeorganist. Wie es schien, zog er nicht nur beim Gottesdienst alle Register.

Vera, was nichts anderes bedeutet als die Wahrhaftige, trieb es also wahrhaftig mit dem Nikolaus. Ach du lieber Himmel!

Torbens Blick fiel wieder auf die Weihnachtsbäume, die auch von diesem Schweinehund kamen. Am liebsten hätte er sie angezündet. Als persönliches Fegefeuer.

Er verwarf den Rachegedanken, anders ausgedrückt: Er zog den Kopf ein wie immer. Dabei hätte er eigentlich Amok laufen müssen, wenn er zwei Tage zurückdachte. Um Mitternacht war die Christmette zelebriert worden. Vera als strahlende Pastorin in vollem Ornat, die Kerzen flackerten enthusiastisch, die Kirchenbesucher sangen sich die Seele aus dem Leib und gaben sich ganz ergriffen von tiefer Gläubigkeit. Allen voran die oberen Zehntausend. Die allerdings nicht so viele waren, also sagen wir lieber: die Upper Ten.

Die hatten sich nach dem festlichen Gottesdienst noch auf einen Sektumtrunk in der Sakristei versammelt. Ein winziger Schluck Wein beim Abendmahl reicht einfach nicht für festliche Gefühle. Und Enthaltsamkeit war sowieso nur etwas für die anderen. Für die auf den billigen Plätzen hinten in der Kirche. Die Geschichte der Christenheit ist voll von einschlägigen Beispielen.

Torben hatte sich still und heimlich verdrückt, die Prickelbrause war nicht sein Ding. Und die besseren Kreise erst recht nicht. Aber zu Vera passte dieser Haufen Pharisäer perfekt. So gab man sich in trauter Ein- und Niedertracht die Kante. Bis drei Uhr morgens.

Währenddessen entdeckte Torben unter dem Ehebett eine offenbar eilig versteckte goldfarbene Schachtel. Er ahnte Unrat. Und in der Tat, das

Paket enthielt festlich-weihnachtliche Dessous in lüsternem Rot, mit unschuldig-weißem Plüschbesatz. Äußerst anziehende Teile zum Ausziehen. Die beigelegte Geschenkkarte mit Herzchen verkündete: „Für meine Vera, Dein Klaus". Also ein Nikolausgeschenk. Glaubenstechnisch völlig korrekt, schließlich war der Bischof aus Myra auch Schutzpatron der Prostituierten.

Torbens Schutzpatron hatte offensichtlich längst das Handtuch geschmissen. Deswegen saß sein Schützling jetzt in der Kacke beziehungsweise kniete in der Kirchenbank und trauerte seinen zerschlagenen Lebenshoffnungen hinterher.

„Was soll ich nur machen?", fragte er sich. Aber er wusste keine Lösung.

Dann hatte er eine Idee. Er würde den Herrgott fragen. Einen Versuch war es wert. Er fand auf einem der bunten Glasfenster den alten Herrn, sah ihn an und wiederholte: „Was soll ich nur machen? Ich halte das nicht mehr aus. Meine Frau und der Gemeindeorganist, der auch noch Nikolaus heißt – wie findest du das? Hör mich, hilf mir, sag was!"

„Ich würde die Schlampe umbringen", antwortete Gott, „oder besser gleich beide!"

Torben wäre fast vom Glauben abgekommen: „Wie kannst du so etwas sagen? Du bist doch der gütige Gott, der Vater, die Liebe in Person!"

„Hast du das Alte Testament nicht gelesen?", blaffte der Allmächtige zurück. „Manchmal geht es nicht anders, manchmal muss man Leute um die Ecke bringen. Wenn sie sich daneben benehmen und die Weltordnung stören. Ich war auch dazu gezwungen, und das nicht nur einmal. Denk an Sodom und Gomorra. Dort sind Tausende gesetzlose Sünder in den Flammen verkohlt. Und ich war der Brandstifter. Das war ein Feuerchen! Es hat aber auch mit Wasser funktioniert. Bei der Sintflut. Da habe ich diese moralisch verdorbene Weltbevölkerung in ihrer Gesamtheit über den Jordan gehen lassen. Bis auf Noah, seine Familie und seinen Zoo. Genützt hat beides nichts, die Schöpfung ist dadurch nicht besser geworden, bis heute nicht."

Torben fasste nach: „Aber du sagst doch selbst im fünften Gebot, dass man nicht töten soll!"

Gott stöhnte innerlich: „Diese Menschen, lauter devote Hosenscheißer! Nahmen alles wörtlich, anstatt sich ein Schlupfloch oder eine gescheite Ausrede zu suchen!" Wozu hatte er ihnen die Fantasie geschenkt und die Schlitzohrigkeit?

Er wandte sich wieder an Torben: „Das fünfte Gebot ist Fakt und auch in Ordnung, da gibt es kein Vertun. Aber der schusselige Moses hat die Hälfte weggelassen. Wahrscheinlich hat er nicht richtig gehört. Auf dem

Berg Sinai pfeift der Wind oft ohrenbetäubend, und Moses hatte auch noch Tinnitus."

Torben hatte keinen Tinnitus, also hörte er richtig und wunderte sich entsprechend.

Gott fuhr fort: „Du sollst nicht töten", habe ich dem Moses diktiert, „außer es geht nicht anders."

Der Herr fixierte Torben und sprach weiter: „So schaut das Gebot schon anders aus, oder? Damals war ich eben noch der Rachegott. Die Altersmilde kam erst später. Als mein Sohnemann sich als unverbesserlicher Pazifist herausstellte, musste ich zwangsläufig mein Image komplett umkrempeln."

Torben schwirrte der Kopf. Echt jetzt? War das wirklich Gott, der da sprach? Ein Mord als Lösung? Er sollte seine Vera ins Jenseits befördern? Und ihren Orgelvirtuosen gleich dazu? Auf Empfehlung des Allerhöchsten?

Torben wollte sich noch einmal vergewissern, aber der Sonnenstrahl, der Gottes Antlitz im Fenster erhellt hatte, war verschwunden.

Draußen begann es zu schneien. Drinnen im Pfarrhaus hatte Vera ihr Telefonat am Handy beendet und verkündete einen Seelsorge-Einsatz: „Oma Ditzenbach glaubt wieder einmal, sterben zu müssen", erklärte sie mit Unschuldsmiene. „Die Familie ist zu einem Weihnachtsbrunch eingeladen und bittet mich, auf die alte Dame aufzupassen."

„Geh nur", knurrte Torben und versuchte locker zu wirken, „halte Händchen, das kannst du doch superprima!"

Vera ignorierte den Unterton, schlüpfte in ihre goldenen Boots und die ebenso kitschig-goldene Winterjacke. Was sie ganz unten drunter trug, wollte Torben lieber gar nicht wissen. Vera schnappte noch ihre Handtasche, dann huschte sie beschwingt durch die Tür des Pfarrhauses hinaus ins Schneegestöber.

Torben sah in das Zimmer seiner Tochter. Das Kind mit den rätselhaften Augen war mittlerweile neun, lag bäuchlings auf dem Bett und dröhnte sich mit Musik zu. Musik aus dem nagelneuen Handy, das ein Weihnachtsgeschenk war. Ebenso wie die pinkfarbenen Kopfhörer. Deren Noise-Cancelling schienen noch ausbaufähig, oder die Kleine hatte die Beats einfach auf Anschlag gedreht. Also alles in Ordnung.

Dann vermummte Torben sich eilends und machte sich an die Verfolgung seiner Frau. Mal sehen, wohin die seelsorgerische Reise ging. Die schweren, fetten Flocken waren eine erstklassige Tarnung, er verschwand fast darin.

Wie er schon vermutet hatte, führte der Weg mitnichten zu den Ditzenbachs, aber auch nicht zum Gewächshaus des orgelnden Gärtners, wo es jetzt bestimmt kuschelig warm war. Der Weg führte schnurstracks ins Totenwäldchen.

Dieses Wäldchen war ein sagenumwobenes Gehölz, das von den meisten Dörflern gemieden wurde. So war es zu einem kleinen Urwald geworden, einem Mini-Dschungel mitten in der geordneten schwäbischen Landschaft. Flechten und Kletterpflanzen umklammerten die Bäume, morsche Äste waren zu Boden gefallen, lagen kreuz und quer, Moos wucherte den Boden zu wie ein grüner See. Außer wenn es schneite, dann wurde der See langsam weiß. Durch die Luft zog eine geheimnisvolle Melodie des Windes, die eine alte Sage erzählte. Jedes Kind hier kannte die Geschichte. Die Kids bekamen Gänsehaut, wenn sie nur daran dachten. Manche Erwachsenen auch. So blieb das Totenwäldchen meist für sich. Keine Jungs, die hier Räuber und Gendarm spielten, keine Familienspaziergänge am Sonntag.

Hören wir dem Wind zu, was er erzählt:

Der Graf zu Falkenstein war ein schmucker, aber hartherziger Herr, der gerne zur Jagd ausritt. Die getreuen Vasallen immer an seiner Seite. Sobald die Hörner ertönten, tobten die Hunde los, die Männer gaben ihren Rössern die Sporen. Unter lautem Gejohle hetzte die wilde Schar über die gräflichen Ländereien, jagte das Wild durch Wald und Feld und machte reiche Beute.

Eines Tages im Herbst hörten sie im Donnern der Hufe den Gesang eines Engels. Sie folgten den Tönen und trafen auf eine liebreizende junge Frau, die auf einem Felsen saß und weinend ihr Lied sang. Die wilde Jagd hielt an. Der Graf stieg von seinem Rappen. „Kann ich dich trösten, meine Schöne?“, fragte er.

„Nein, mein Herr, das können Sie nicht“, antwortete die junge Frau, die Esmeralda hieß. „Ich habe meinen Liebsten verloren, dafür gibt es keinen Trost. Auf der ganzen Welt nicht.“

„Was ist geschehen?“, fragte der Graf.

„Mein Liebster war im Wald, um Fallen zu stellen. Da kam eine wilde Horde Jäger auf ihren Rössern daher. Die Tiere trampelten ihn rücksichtslos

nieder, und die Meute setzte ihren Weg einfach fort. Jetzt ist er tot. Und ich bin zum Sterben unglücklich."

Der Graf konnte sich noch gut erinnern, der Plan war aufgegangen. Nun war der Tag gekommen, die Belohnung abzuholen. Er bekam immer, was er wollte, auch wenn es seine Zeit dauerte.

Ein Wink an seine Vasallen, die rissen die Frau von dem Felsen, banden sie an Händen und Füßen, einer nahm sie zu sich aufs Pferd. Dann ging es unter Jubelgesängen zurück in die gräfliche Burg. Wieder reiche Beute gemacht!

Die Gefangene musste dem Grafen zu Diensten sein, wann immer er danach begehrte. Als er die Lust verloren hatte, überließ er sie seinen Vasallen. Die waren willfährige Dummköpfe, und Esmeralda sah die Gelegenheit zur Flucht gekommen. Sie überredete ihre Peiniger, zu jedem Schäferstündchen ein neues Laken mitzubringen. Es sei doch alles viel schöner, wenn die Lagerstatt frisch duftet. Die lüsternen Hornochsen taten, wie ihnen geheißen.

Als Esmeralda genügend Laken beisammen hatte, knotete sie eins an das andere und ließ sich aus dem schmalen Fenster ihrer Kemenate ganz oben im Turm bis auf den Erdboden gleiten.

Sie war frei! Frei für die Rache!

Wie auf Silberflügeln floh sie weg von der verhassten Burg und dem verhassten Grafen bis weit in das Wäldchen, wo ihr Liebster ums Leben gekommen war. Dort gab es in tiefem Dickicht versteckt eine kleine Hütte, die sonst niemand kannte. Hier würde sie auf eine Gelegenheit warten, es dem Grafen heimzuzahlen. Sie ernährte sich von Wurzeln und Beeren, trank das glasklare Wasser einer kleinen Quelle und dachte nur noch an ihren Racheschwur. Doch die Trauer und das Leid waren stärker. An einem kalten Wintertag kurz vor Weihnachten wachte sie nicht mehr auf. Sie war an ihrem gebrochenen Herzen gestorben. Aber ihr Schwur lebt bis heute. So geht sie als Geisterwesen immer noch im Totenwäldchen um. Wenn jemand sie dabei stört, fällt sie ihm um den Hals und küsst ihn zu Tode. So wie der rücksichtslose Graf einst ihre Seele zu Tode geküsst hatte.

Die Frau Pastorin und ihr Organist hatten offensichtlich keine Angst vor Küssen im Totenwäldchen. Sie waren auf der kleinen Lichtung angelangt, die den Blick zum Himmel freigibt, sie knutschten, lachten, alberten herum, bewarfen sich mit Schneebällen.

Torben beobachtete sie im Schutz der Bäume. Tränen standen ihm in den Augen. Genau dasselbe hätte er selbst gerne mit Vera gemacht. Fröhlich sein, tanzen vor Glück. Die Sehnsucht nach einer sorglosen Liebe brannte in ihm wie Feuer, und sie wurde zur Wut. Zu einer unbezähmbaren Wut.

Ein Wintergewitter zog auf. In den Schneefall, der immer stärker wurde, mischten sich Graupelschauer. Fernes Donnergrollen war zu hören, erste Blitze flammten auf über den weiß gezuckerten Fichten. Der Herrgott hatte zwar aufgehört, Massaker zu veranstalten, aber wettermäßig war er immer noch der alte Rabauke.

„Ich würde sie umbringen, die Schlampe, am besten gleich beide!" Hatte er das wirklich richtig gehört? Es folgte ein Donnerschlag wie ein Ja.

Der Donner war ein Weckruf. Torben streckte sich. Eine unbändige Kraft und Entschlossenheit stieg in ihm hoch. Als hätte er vom Baum der Erkenntnis gegessen. Und diese Erkenntnis lautete: Er hatte jahrelang alles mitgemacht, er hatte die Demütigungen geschehen lassen, er war ein Weichei gewesen, er hatte nicht aufbegehrt. Je tiefer du buckelst, umso besser eignest du dich als Ziel für Fußtritte. Also richte dich auf, um größer zu sein als deine Widersacher!

Das Gelächter des verliebten Pärchens gellte in seinen Ohren lauter als der Gewitterlärm. Es peitschte ihn auf. Torben begann, den frisch gefallenen Schnee wegzufegen. Mit bloßen Händen. Die Eiseskälte war ihm egal. Er riss sich die Haut auf. Auch egal, es musste geschehen! Er fand zerbrechliche Äste und Zweige, auch ein paar größere Steine, aber nicht groß genug.

Endlich ein schwerer Ast! Er war perfekt, dick genug und lang genug. Torben packte ihn mit beiden Händen, trat auf die Lichtung und schlich sich von hinten an das Pärchen heran.

Vera und ihr Liebhaber hatten mit ihrem kindischen Gekicher aufgehört und waren in einem tiefen Kuss versunken.

Der Ast hob sich, verharrte in der Luft, dann fuhr er nieder und traf als Erstes den liebesgierigen Gärtner. Als der aus den Armen der Pastorin nach hinten fiel, drehte Vera sich um. Sie erblickte Torben. Ihre Augen weiteten sich voller Furcht. Sie erstarrte, als wäre sie zu Eis geworden. Eine Eisskulptur in einer goldfarbenen Winterjacke und goldfarbenen Boots.

Sie schrie nicht, sie lief nicht davon, sie hob nicht die Hände zur Abwehr.

Sie wusste, was geschehen würde.

Und es geschah.

Die Glocken der kleinen Lukaskirche im Dörfle schlugen zur vollen Stunde. Dazu drehten sich hektisch die Blaulichter eines Einsatzwagens der Polizei. Die Ordnungshüter fanden Torben schlafend in einer der vorderen Kirchenbänke. Die Orgel schwieg, verständlicherweise.

Der Streifenbeamte tippte Torben an. Der erwachte mühsam, sah sich schlaftrunken um und begriff.

„Sie müssen mit uns kommen", sagte der Beamte.

Der Streifenwagen fuhr zum Totenwäldchen. Dort war eine ganze Armada von Ermittlern und Spurensuchern am Werke. Rund um Vera und ihren Organisten, die steif und kalt im Schnee lagen.

Torben erinnerte sich an das Gekicher der zwei, an die endlose Knutscherei, und er erinnerte sich an den Ast, den er gepackt hatte. Dann hatte er ausgeholt, und dann hatte er …

Oder etwa doch nicht? Wie war er eigentlich zurückgekommen in die Kirche? Warum war er dort eingeschlafen? Hatte er geträumt? Nein, hatte er nicht, die beiden lagen ja regungslos im Schnee. Was war geschehen?

Ein Mann kam mit offiziellen Schritten näher und zeigte einen Ausweis: „Schifferle, Hauptkommissar", stellte sich Hauptkommissar Schifferle vor. „Sie müssen jetzt stark sein, Ihrer Frau ist etwas zugestoßen. Ich kann Ihnen die schreckliche Nachricht leider nicht ersparen. Sie wurde vom Blitz erschlagen. Genau wie ein gewisser Nikolaus Schmelzer, mit dem sie wohl unterwegs war. Mein Beileid. Die Formalitäten können wir morgen erledigen, damit will ich Sie jetzt nicht belästigen. Die Kollegen werden Sie nach Hause fahren."

Torben war komplett durcheinander. Als er zum Streifenwagen zurückgebracht wurde, der ihn heimfahren würde, hörte er, wie der Rechtsmediziner sich mit einem Kriminaltechniker unterhielt: „Krasser Fall! Ich hab's erst nicht geglaubt, weil es so selten vorkommt. Die Leichen haben tatsächlich keine anderen Verletzungen als die Brandwunden. Genauso selten ist, dass man an einem Blitzschlag verstirbt. Aber ich bin hundertprozentig sicher, Herzstillstand durch elektrischen Schock." Er sah nach oben und schwäbelte, aufs Höchste erstaunt: „Wois der Himmel, wie des passiert isch!"

Oder mit den Worten des Schriftstellers Théophile Gautier: „Zufall ist das Pseudonym Gottes, wenn er nicht selbst unterschreiben will."

Der schwarze Engel

Elmar war nicht dabei gewesen. Dennoch sah er die Szene in seinen Träumen. Er sah sie jede Nacht, seit einem Jahr. Einem sehr langen Jahr.

Er sah das Auto, das im Wintertoben der Schwäbischen Alb sein Scheinwerferlicht suchend in die verschneite Dämmerung richtete. Ein Licht, in dem unschuldige weiße Schneeflocken wie Geschosse drohend auf die Windschutzscheibe zuflogen. Schneeflocken, die höhnisch zwischen den Scheibenwischern tanzten: „Fang mich doch!“ Schneeflocken, die den Blick des Fahrers irritierten.

Den Blick eines Fahrers, der ohnehin schon getrübt war durch die Folgen einer festlichen Sauferei.

Am Morgen danach war der Albtraum wie immer vorbei. Elmar wachte durchgeschwitzt auf und wusste, dass die nächste Nacht genauso verlaufen würde. Wie jeden Morgen verfluchte er den Dreckskerl hinter dem Steuer.

Vor drei Jahren hatte sie sich ins Krankenhaus gelegt und sich eine Niere entnehmen lassen. Für ihren Sohn. Damit hatte sie ihn davor bewahrt, für sein ganzes Leben dreimal pro Woche zur Dialyse zu müssen. Um die Adern durchspülen zu lassen, während er mit Schläuchen an eine Maschine gefesselt war, zur Untätigkeit verdammt. Lebenswichtige Zeit, die viel Lebenszeit kostet. Vier Stunden pro Behandlung braucht so eine Waschmaschine für das Blut. Stunden, die man auch im Hallenbad verbringen könnte oder im Job, mit Freunden in der Kneipe oder mit der Freundin im Bett.

Wer den Begriff „Weihnachtsfeier“ in der Wikipedia googelt, wird weitergeleitet zum Stichwort *Betriebsfest*. Dort steht unter anderem geschrieben, dass Betriebsfeste dazu dienen, *um die Motivation der Mitarbeiter zu fördern, Verdienste auszuzeichnen oder Ähnliches.*

Klingt gut, ist aber in Sachen Weihnachtsfeier absoluter Blödsinn. Da will kein Mitarbeiter – und ebenso keine Mitarbeiterin – gefördert werden oder ausgezeichnet oder Ähnliches. Einfach nur gratis durchgefüttert und abgefüllt, das reicht.

Der Chefbuchhalter der Dessous-Fabrik, die ausgesprochen unschwäbische, echt scharfe Reizwäsche herstellte, hatte dem kostenlosen vorweihnachtlichen Angebot freudig zugesprochen. Anschließend hatte er sich eine gnadenlose Abfuhr von der üppigen, frisch geschiedenen Chefsekretärin eingefangen und war am Ende frustriert, vollgegessen sowie angetrunken in sein Auto gestiegen. Reichlich unsicher fuhr er los in das nächste Dörfchen, wo sein Reihenhaus stand. Gerade mal acht Kilometer, aber lang genug, um gewaltiges Unheil anzurichten. Die Mofafahrerin am Straßenrand sah er nicht.

Das Urteil stach den beiden ins Herz wie ein Schwert. Dem Vater, der die Frau verloren hatte, und dem Sohn, der die Mutter verloren hatte. Fast genau vor einem Jahr zur Weihnachtszeit.

Der Dreckskerl wurde zwar verurteilt, aber ins Gefängnis musste er nicht. Ein psychiatrischer Gutachter hatte ihn wegen Volltrunkenheit als schuldunfähig eingestuft. Daher könne er nicht für die Tötung belangt werden, so das Gericht. Es bleibe nur die fahrlässige Volltrunkenheit. Sanktioniert mit 20.000 Euro Geldstrafe und einem Jahr Führerscheinentzug. Im Namen des Volkes. Des Volkes der Dichter, Denker und Rechtfertiger, die das Recht fertigmachen.

Als die Verhandlung geschlossen war, gingen Vater und Sohn in den Drogeriemarkt, kamen mit zwei prall gefüllten Tüten wieder heraus und fuhren zum Friedhof. Das Grab lag wie erstarrt in der Kälte und war über und über mit weißer Schneeheide bedeckt. Aus dem eisigen Blütenmeer ragte die Stele mit der goldenen Schrift: *Marion Schieder, unvergessen.*

Vater und Sohn stellten auf der gesamten Grabumrandung eine Kerze nach der anderen auf und zündeten alle an. Dann schwiegen sie. Während es in ihrem Inneren schrie vor Schmerz und Wut. Und ein Plan wurde gefasst.

Der Buchhalter bemerkte nicht, dass er beobachtet wurde. Er unternahm seinen täglichen Abendspaziergang mit dem Cavalier King Charles Spaniel namens Shakespeare. Der Hund bemerkte auch nichts. Spaniels haben eine ruhmreiche Geschichte als verwöhnte Viecher an Herrscherhäusern, wo die Palastwache aufpassen musste und nicht der Hund.

Infolgedessen übersah Shakespeare den schwarzen Engel geflissentlich, schnüffelte lieber an den Laternenpfählen und pinkelte standesbewusst an jeden zweiten Baum. Mein Revier, gezeichnet King Charles!

Der Engel verfolgte täglich aufmerksam alles, was der Buchhalter und sein Köter beim Gassigehen unternahmen. Das Ganze schien eine gefährliche Geschichte zu werden, denn die guten Engel, die Schutzengel, sind bekanntlich nicht schwarz, sondern strahlend weiß, wie mit Persil gewaschen. Oder gelb, wenn sie vom ADAC kommen. Und blau, wenn sie Umweltengel sind. Woraus sich einleuchtend ergibt, dass die dunklen Engel die bösen sind und Übles im Schilde führen.

Der Buchhalter war weit entfernt von solchen Farbtheorien, obwohl er einen guten Grund dafür gehabt hätte. Doch das wusste er nicht. Er freute sich vielmehr auf Weihnachten und vor allem auf den kommenden Februar. Da würde sein Fahrverbot enden, und er musste nicht mehr mit dem Bus zur Reizwäsche-Firma fahren.

Tags darauf kam der Schock. Ein Schock, der ihm den Boden unter den Füßen wegzog. Sein Bruder hatte bei einem Zugunglück das Leben verloren. In einer einzigen fatalen Sekunde. Der Bruder, sein bester Freund, sein größter Halt. Da der Buchhalter unverheiratet blieb, war Georg derjenige gewesen, der ihm am nächsten gestanden hatte.

Plötzlich spürte er, wie der Verlust eines geliebten Menschen die Seele treffen kann. Wie sich so ein Schmerz anfühlt, wie bitter die Machtlosigkeit dem Tod gegenüber ist. Wie einsam man plötzlich dasteht.

Auch er hatte einen Tod verursacht. Im letzten Winter. Gestorben war die Frau auf dem Mofa, die er im Schneetreiben übersehen hatte. Weil er angetrunken war. Nur in wenigen dunklen Momenten hatte er über die Folgen für den Vater und den Sohn nachgedacht. Es war ihm gelungen, solche Überlegungen zu verdrängen. Ganz weit nach unten in seiner Seele, in den Tresor der bösen Erinnerungen. Jetzt kam alles hoch. Es kam hoch mit solch einer Macht, dass es sich nicht mehr verdrängen ließ. Die Freude, dass er den Führerschein wiederbekommen würde, hatte sich in Traurigkeit und Schuldgefühl verwandelt. Und in Ekel vor sich selbst.

Der schwarze Engel wusste nicht, was der Buchhalter gerade durchlebte. Er wusste nur, was er selbst durchlebt hatte. Er wusste, was seine Pflicht war. Und er würde seiner Pflicht Genüge tun.

Er hatte nachgelesen. Racheengel gibt es nicht, wenigstens nicht in der Bibel. Da gibt es Erzengel, die Gottes Beschlüsse in der ganzen Welt verkünden. Sie sind auch die Chefs der Schutzengelbrigaden, aber sie maßregeln niemanden, sie rächen nicht. Bis auf Michael mit dem Flammenschwert. Er gilt immer noch als Oberbefehlshaber der himmlischen Truppen, aber seit er den Teufel auf Nimmerwiedersehen zur Hölle geschickt hat, ist er abgekommen von der ganzen Straferei. Die Stelle des Racheengels war also vakant.

Kein Problem, er würde sie ausfüllen. Bis zur letzten Konsequenz. Tagelang hatte er im Netz recherchiert, um den Auftritt seines Lebens vorzubereiten. Dann hatte er alles bestellt: Schwarze Jeans, einen dicken schwarzen Rollkragenpulli, schwarze Lederstiefel. Dazu im Gothic-Shop einen bodenlangen Umhang aus tiefschwarzem Samt und eine schwarze Maske mit Nieten, die nur die Augen frei ließ.

Die Waffe war im Haus, da musste er sich nicht weiter sorgen, Munition ebenfalls. Die Pistole war eine Glock aus Österreich, passte demnach nicht zur Schwäbischen Alb, schoss aber hervorragend. Und darauf würde es ankommen.

Ziemlich viele Pakete, die in den letzten Tagen geliefert worden waren! Eines davon besonders auffällig. Als Absender eine Firma namens *Black Outfits – die besten bösen Klamotten*. Es war klar, er musste aufpassen. Bevor noch mehr Unheil passierte. Es wurde noch klarer, als die Glock nicht mehr in der Tiefkühltruhe lag, wo sie versteckt gewesen war.

Also schlich der weiße Engel dem schwarzen Engel hinterher, der in einem harmlosen Winterparka das Haus verlassen hatte. Als würde er zum Fitnesstraining der Dorfgemeinschaft im Gemeindesaal gehen. In der Sporttasche waren allerdings keine Trainingsklamotten, sondern der schwarze Samtumhang, die schwarze Maske und die Glock. Mit geladenem Magazin, der Engel des Bösen hatte sicherheitshalber noch einmal nachgesehen. In einem Dickicht kurz vor seinem Ziel verwandelte er sich in den Rächer. Er setzte die bedrohliche Maske auf und warf sich den schwarzen Umhang über. Die Zeit war gekommen.

Der King-Charles-Köter mit seinem hohen Bellen war schon zu hören. Der Racheengel nahm seine Position ein. Die beste Position für seine Tat, er hatte sie bei den Beobachtungen ganz genau festgelegt. Sein Opfer war ein dankbares Opfer, es nahm immer dieselbe Route, Buchhalter sind eben so. Der Köter tippelte an der langen Leine voran, pinkelte gegen eine Laterne und tippelte weiter. Am anderen Ende der Leine kam das Opfer in Sicht.

Er hob die Waffe. Er atmete noch einmal durch. Er krümmte den Finger. Er schoss. Ein scharfer Knall, King Charles zuckte zusammen.

Der Buchhalter beugte sich zu dem Hund, um ihn zu beruhigen. Weiß der Teufel, was den so erschreckt hatte! Dann nahm er seine Kopfhörer ab. Er hatte sie gerade neu gekauft. Sie ließen keine Außengeräusche ins Ohr, blendeten den Umgebungslärm einfach aus. Sogar eine feuernde Glock.

Der Buchhalter hob seinen Hund hoch, der einfach nicht mehr laufen mochte. Mit Shakespeare auf dem Arm brach er den Spaziergang ab und ging zurück. Verwirrt und verwundert: „Was ein seltsamer Abend!"

Der schwarze Engel war am Boden zerstört. Seine Mission war misslungen, die Rache gescheitert. Aber warum?

„Ich habe vorbeigeschossen", murmelte er deprimiert.

„Nein, du hast nicht vorbeigeschossen", sagte der andere Engel, der hinzugetreten war. In einer weißen Steppjacke, die der schwarze Engel nur zu gut kannte.

„Ich wollte nicht, dass du dich schuldig machst. Weil ein besoffener Drecksack deine Frau totgefahren hat, meine Mutter. Die mir das Leben geschenkt hat und mit ihrer Niere ein weiteres Leben. Ich wollte nicht auch noch den Vater verlieren. An ein Gefängnis. Stück für Stück habe ich mitbekommen, was dein Plan war. Die eigenartigen Pakete, deine abendlichen Ausflüge. Ich habe nach der verschwundenen Pistole gesucht und sie in deinem Nachttisch gefunden, als du auf Erkundungstour warst. Ich habe die Munition gegen Platzpatronen ausgetauscht. Mit richtigen Patronen hättest du bestimmt getroffen. Aber nicht nur den Mörder meiner Mutter, sondern vor allem uns beide."

Er legte den Arm um seinen Vater: „Komm, lass uns nach Hause gehen, es ist vorbei!"

Der Buchhalter schaute noch einmal zurück und wunderte sich, als er in der Ferne zwei seltsame Gestalten sah, die sich langsam entfernten. Eine schwarze und eine weiße.

Der Winter hatte seine beste Zeit hinter sich, es wurde allmählich Frühling auf der Schwäbischen Alb. Der Schnee verabschiedete sich als Dauer-

regen. Der Buchhalter hatte seinen Führerschein wieder und fuhr heimwärts.

Nach Dienstschluss in der Dessous-Fabrik hatte er ein paar Freunden einen ausgegeben. In einer Kneipe, die sich *Promille* nannte. Nun denn, der Name war Programm.

Die letzte Kurve vor dem Dorf mit seinem Reihenhaus war tückisch. Im strömenden Regen erst recht. Der Wagen kam von der Straße ab und schoss über die Leitplanke in den Abgrund. Die Schwäbische Alb hat ihre Höhen und Tiefen.

Und die Wäschefabrik hatte keinen Chefbuchhalter mehr.

Der Vater und der Sohn hatten es in der Zeitung gelesen. Sie hatten das Foto des zerstörten Autos gesehen, das auf dem Dach lag. Im Bericht stand, dass beim Fahrer 1,5 Promille festgestellt wurden und dass er schon einmal einen Unfall unter Alkoholeinfluss verursacht hatte. Damals war eine Frau ums Leben gekommen, jetzt er selbst. Ausgleichende Gerechtigkeit. Seltsamerweise spürten Vater und Sohn keinerlei Genugtuung.

Am nächsten Morgen fand Elmar ein Kuvert im Briefkasten. Es enthielt auf liniertem Papier eine handgeschriebene Nachricht.

Ich habe eine Ehefrau und Mutter totgefahren. Ich bin vor Gericht gut davongekommen und dachte, mit der Schuld leben zu können. Jetzt habe ich selbst einen geliebten Menschen verloren und kann mich in Sie beide hineinversetzen. Heute ist mein Geburtstag, es wird mein letzter sein. Ich bitte um Vergebung.

Keine Unterschrift.

Elmar und sein Vater legten den Brief auf das Holz im Kamin, am Abend würde der Zettel in Rauch aufgehen.

Dann fuhren sie zum Drogeriemarkt und kamen mit zwei prall gefüllten Tüten wieder heraus. Sie fuhren weiter direkt zum Friedhof. Das Grab trug immer noch eine dichte Decke aus unzähligen kleinen weißen Blüten der *Erica carnea*. Mittendrin die Stele mit der goldenen Schrift: *Marion Schieder, unvergessen.*

Die beiden stellten auf der gesamten Grabumrandung eine Kerze nach der anderen auf und zündeten alle an. Dann schwiegen sie und machten ihren Frieden.

Shakespeare, den sie bei sich aufgenommen hatten, hatte sich auf den kalten Boden gelegt und spürte, dass dies ein besonderer Moment war. Also schwieg er auch.

Jogi Löws verflixte Bescherung

Genau genommen gehört Freiburg nicht zum Schwabenländle. Weil es zu Baden gehört. Aber wir wollen mal nicht so sein. Schließlich geht es um höhere Interessen, präzise gesagt um allerhögschde. Nämlich um den Besitzstand des Herrn Joachim Löw. Sie ahnen es, der Weltmeistertrainer, der Bundes-Jogi. Ehemals Heilsbringer des deutschen Fußballs, aktuell Frührentner mit immer noch untadeliger Ponyfrisur.

Wir erinnern uns alle an Brasilien 2014. Die deutsche Mannschaft sprintet von Sieg zu Sieg, beherrscht souverän das Turnier. Sogar die Gastgeber kommen mit 1:7 unter die Räder. „Gol da Alemanha", Tor für Deutschland, ist seither in Brasilien der gängige Aufschrei bei jeder Katastrophe. Egal, ob dem Fahrradreifen die Luft ausgeht, kein Bier mehr im Haus ist oder der Bankomat die Girokarte einkassiert: „Gol da Alemanha!" Und wer ist schuld? Jogi Löw natürlich.

Dann im Finale das Tor von Mario Götze zum 1:0-Sieg gegen Argentinien. Weltmeister! Buenas noches, Argentina! Und wer war schuld? Jogi Löw natürlich. Die Stilikone im maßgeschneiderten dunkelblauen Hugo-Boss-Hemd, Taucheruhr am Handgelenk, gelegentlich Silberkette mit Kreuz um den Hals als direkten Draht zum Fußballgott.

Joachim Löw lebt in Freiburg. Anfangs hat er dort nicht gewohnt, weil er im Schwarzwald zur Welt gekommen ist. In Schönau an der großen Wiese, die keine Wiese ist, sondern ein Fluss. Neben diesem Fluss liegt der Fußballplatz des Bezirksligisten FC Schönau 08, der in triumphaler Erinnerung an die Ereignisse von 2014 *Jogi-Löw-Stadion* heißt. Es gibt zwar keine Tribünen, auch keine Flutlichtanlage, aber eine Tartanbahn rings um das Spielfeld und zwei Tore. An jedem Ende eines. Im Breisgau reicht das für ein Stadion.

Später hat Jogi in Wittnau ein megamodernes Haus gebaut, wo er mit seiner Frau Daniela wohnte, bis die beiden sich nach 40 gemeinsamen Jahren trennten. Geschieden sind sie nicht, aber Jogi lebt jetzt in Freiburg.

Das wusste auch Langfinger-Gustl, eine Legende unter den Ganoven. Leider wusste er nicht alles, und deshalb geriet er in ein übles Schlamassel. Fußballer sagen dazu *Arschkarte*. Was nichts Unanständiges bedeutet, aber etwas Unangenehmes. Früher, als die Fernsehbilder noch schwarz-weiß waren, konnte der geneigte Zuschauer nicht zwischen einer roten und einer gelben Karte unterscheiden. Beide erschienen einfach nur grau. Allein an der Reaktion des Spielers konnte man erkennen, welche Karte der Schiedsrichter gezogen hatte. Rastete der Kicker aus, blieb aber doch auf dem Feld, war es eine gelbe Karte, also eine Verwarnung. Rastete der Spieler aus und verließ wild gestikulierend den Rasen, war es eine rote Karte, also eine Verbannung. Ende Gelände. Um es einfacher zu machen, wurde folgende Regelung eingeführt: Der Unparteiische trug zur besseren Orientierung der Fans die gelbe Karte in der Brusttasche, die rote in der Gesäßtasche. Was den Terminus Arschkarte zur Folge hatte und ein völlig neues Fernseherlebnis.

Wieder etwas gelernt, damit zurück zu Herrn Löw. Der hatte seine zwei Eier im Glas samt Buttertoast verputzt, dazu den Schweizer Schümlikaffee aus dem Nachbarländle. Und die Frühstückszigarette geraucht. Der Nikotinverzicht stand zwar seit Jahren ganz oben auf der Agenda, bis jetzt war aber noch nichts draus geworden.

Der Geschirrspüler war gestartet, der Koffer sorgfältig gepackt, alle Nivea-Men-Produkte drin, es konnte losgehen.

Weihnachtsfeier beim Deutschen Fußballbund in Frankfurt. Ein verlässlicher Grund zum Frohsinn, alle Jahre wieder. Jogis Limousine glitt in angemessenem Tempo über die Autobahn nordwärts, im Radio sang Udo Jürgens *Merry Christmas allerseits*. Eingestellt war SWR4, Löws Lieblingssender. Der verdienstvolle Ex-Bundestrainer hörte am liebsten deutschsprachige Lieder, im Gegensatz zu den Kickern unserer Zeit: „Die spielen heute Musik in der Kabine, da muss ich vor die Tür. Ich höre lieber deutschen Schlager."

Der Verkehrsfunk war anscheinend kein Freund des Schlagers, er würgte kurz vor Mannheim die Musik ab. Dann eine Durchsage der

Alarmstufe Rot: „Achtung Autofahrer, in ganz Hessen tritt vermehrt Blitzeis auf. Bitte vermeiden Sie möglichst alle Fahrten. Erhebliche Behinderungen auch im Bahnverkehr und auf dem Flughafen Frankfurt.“

Udo durfte wieder weitersingen, aber Joachim hatte keine Lust mehr, Richtung Hessen weiterzufahren. Weihnachtsfeier hin oder her. Die konnte man heute ohnehin vergessen. Er verließ die Autobahn und fuhr ins Mannheimer Zentrum. Kaffeepause, es war dringend Zeit für einen Espresso.

Langfinger-Gustl war als Einbrecher praktisch Champions-League. Dreißig Jahre Berufserfahrung machen sich eben bezahlt. Er arbeitete als einsamer Wolf, gehörte keiner Gang an, brauchte keine Gaunerzinken an den Hausfassaden. Gustl wusste, wo etwas zu holen war, und vor allem wann. Er führte Abwesenheitslisten. Ein Beispiel: Wenn beim Daimler in Stuttgart ein neues Modell feierlich vorgestellt wurde, waren die Chefs der großen befreundeten Autohäuser natürlich eingeladen. Inklusive der frisch gebotoxten Ehegattin. Wenn die beiden dann noch eine Tochter hatten, die in Paris studierte, war die Wahrscheinlichkeit hoch, das Anwesen der Familie verlassen vorzufinden. Dann brauchte es nur noch einen scharfen Blick für Überwachungskameras und Alarmanlagen, problemlos erlernbare Elektronikkenntnisse und wenigstens die mittlere Reife im Tresorknacken.

Gustl klaute mit Vorliebe am helllichten Tag. Er hasste das ganze Geschiss mit den Taschenlampen, und trotzdem fällt man im Finstern über irgendwelche Kabel. Alles nicht seins. Arbeit muss Spaß machen, daher darf sie nicht in Stress ausarten.

Also ließ er sich Zeit. Das Haus war ja verlassen, er hatte die Abreise mit eigenen Augen beobachtet.

Die Konditorei Herrdegen im schwäbischen Mannheim ist eine legendäre Einrichtung. Vor allem wegen der Lebkuchen. Solche sucht man selbst in Nürnberg vergeblich und in der Printen-Stadt Aachen ebenfalls. Auch der Name ist einzigartig. Fast wie Arschkarte. Die süßen Dinger heißen *Mannemer Dreck*.

Die Stadtchronik erzählt dazu Folgendes:

Im 19. Jahrhundert erließ der Stadtamtsvorstand Herr von Jagemann eine Vorschrift, die „Jedermann mit zwei Reichstalern Strafe belegte, der den im Hause gesammelten Kot mit Kehricht auf die Straße brachte.“ Ein geschäftstüchtiger Bäcker hat daraufhin „Dreck" aus Marzipan, Nelken, Haselnüssen und Mandeln gebacken und ihn als „Mannemer Dreck" in seinem Schaufenster ausgelegt. Sein ursprüngliches Rezept ist heute im Besitz der Konditorei Herrdegen. Ein echtes Dreckstück wird auf Oblaten gebacken, mit Schokolade überzogen und schmeckt mega.

Der bekennende Süßschnabel Joachim Löw hatte gerade eines der Teilchen zum doppelten Espresso verdrückt und an der Verkaufstheke einen beachtlichen Vorrat für zu Hause erstanden. Ernährungsmäßig eine Todsünde, Jogi war sich dessen bewusst, aber in der Weihnachtszeit darf man das. Er verließ die Konditorei, beladen mit riesigen Tüten. Also ein braver Herr Löw mit lauter Drecksäcken. Er lud die Beute in sein Auto und fuhr los zurück nach Freiburg. Der Verkehrsfunk ließ nicht lange auf sich warten. Blitzeis auch im Schwarzwald und im Breisgau. Voraussichtlich gegen Mittag.

Kein Problem, bis dahin würde er längst zu Hause sein.

Charlotte und Hendrik fuhren Streife. Zwei junge Beamte, die sich nicht abhalten ließen vom Dienst an der Gemeinschaft. Auch wenn das zurzeit als uncool gilt. Aber lassen wir das, ist ja Advent.

Die Schicht der beiden war bislang recht unaufgeregt verlaufen. Zwei Alkoholleichen auf einem Spielplatz, ein Auffahrunfall, ein entflogener grüner Papagei namens Kiwi und ein Mann, der behauptete, die Blaufichte auf seinem Autodach eben im Baumarkt gekauft zu haben. Dummerweise gab es in der Umgebung überhaupt keine Baumärkte. Und wie der rostige Fuchsschwanz in sein Auto gekommen war, wusste er auch nicht zu erklären. Also ragte aus dem Kofferraum des Streifenwagens jetzt ein beschlagnahmter Weihnachtsbaum, selbstredend sachgemäß befestigt und mit einem wehenden roten Tuch gekennzeichnet.

Hendrik nahm einen Schluck von seinem Coffee to go. „Einbruch in der Wilhelm-Tell-Straße 44", fuhr die Zentrale dazwischen, „wer ist in der Nähe?"

Hendrik griff zum Mikrofon: „Wagen 12 übernimmt", antwortete er.

Charlotte gab Gas, dabei schwappte der Kaffee über und landete auf Hendriks Hose. Dieses To-go-Zeug war eher ein No-go-Zeug und die Uniformhose ein Fall für die Waschmaschine. Der silber-blau-gelbe Polizeiwagen schoss los. Mit dem sichergestellten Christbaum, mit Blaulicht und Musik. Oder in feinstem Amtsdeutsch: mit Asservat, Sondersignal und Einsatzhorn. Tatütata!

Das war Langfinger-Gustl noch nie passiert. Er war kurz davor, den Tresor zu überlisten, der Inhalt war zum Greifen nahe, als er vor dem Haus Geräusche hörte. Ein Auto. Dann ging wimmernd das elektrische Garagentor auf. Elender Mist! Wieso kam der wieder zurück? Noch bevor Gustl die edlen Zeitmesser abgegriffen hatte. Die noblen Uhren von IWC aus Schaffhausen, für die der Hausherr bekanntermaßen schwärmte.

Jetzt war sie da, die Arschkarte. Gustl wurde von den widrigen Umständen des Feldes verwiesen. Nichts wie weg!

In aller Eile raffte er seine Gerätschaften zusammen, schmiss sie in den Rucksack und obendrauf noch den Weltmeister-Pokal, der komplett unbeschützt auf einem Sideboard herumstand. Immerhin etwas! Dann wie der Teufel raus aus der Balkontür, durch die er auch gekommen war. Dank seiner Fingerfertigkeit und des richtigen Werkzeugs.

Er hörte, wie das Garagentor sich wieder schloss. Wahrscheinlich gab es von dort einen Zugang direkt ins Haus. Dann könnte er durch den Garten abhauen. Gustl äugte vorsichtig um die Ecke. Tatsächlich, die Luft war rein. Er hechtete olympiareif über die Hecke und marschierte los, die stille Anwohnerstraße entlang. Eigenheime ohne Ende. Schaffe, schaffe, Häusle baue ist auch im Badischen das hehrste Bürgerziel. Gustl blickte auf picobello gepflegte Grundstücke im kahlen Winterkleid. Und er sah an einer Fassade einen scheußlichen lebensgroßen Weihnachtsmann hängen, mit Sicherheit made in Taiwan. Der Gabenbringer als Fassadenkletterer war schon geschmacklos genug, dazu waren die Bäume im Garten auch noch mit krachbunt blinkenden LED-Lichtern verunstaltet.

Plötzlich mischten sich von fern blaue Lichter ein. Und ein Martinshorn. Noch einmal Mist! Heute lief alles verkehrt! Was tun? Er musste die Beute loswerden! Puls 180!

„Mach dich nicht verrückt, Ruhe bewahren, locker bleiben, Mann!" Langfinger-Gustl suchte mit Adleraugen nach einem Versteck. Da sah er an einer Grundstücksecke einen riesigen Haufen zusammengerechtes Laub. Gesegnet sei der ordnungsbewusste Heimgärtner, der diesen natürlichen Tresor errichtet hatte! Der Rucksack flog in hohem Bogen über den Zaun und versank in den Blättern. Natürlich würde Gustl wiederkommen, denn ein WM-Pokal gehört einfach nicht auf den Kompost.

Jetzt war er sauber, der Meisterdieb. Ein harmloser Spaziergänger an einem harmlosen Mittag im harmlosen kalten Freiburg. Er war versucht, ein Liedchen zu pfeifen, aber das machen nur schlechte Schauspieler in schlechten Gaunerfilmen.

Unvermittelt setzte prasselnder Regen ein. Die Blitzeiswarnung tönte aus den Lautsprechern des Streifenwagens. Charlotte packte das Lenkrad fester. Zu spät, das Regenwasser war auf dem eisigen Boden blitzschnell gefroren, der Wagen brach in einer Kurve aus und schlitterte quer über den Eisteppich Richtung Bürgersteig.

Langfinger-Gustl sah mit schreckgeweiteten Augen das Auto auf sich zufliegen. Er wollte noch ausweichen, aber es ging zu rasant. Das zentnerschwere Fahrzeug streifte ihn wie ein Geschoss. Er wurde gegen die Betonmauer eines Grundstücks geschleudert und blieb regungslos liegen.

Hendrik sprang aus dem Wagen und rannte zum Unfallopfer, Charlotte informierte kreidebleich die Zentrale. Die jagte einen Notarzt und einen Rettungswagen los.

Der Mann regte sich nicht. Hendrik konnte keinen Puls fühlen. Er drehte den Mann auf den Rücken und begann zu singen. Den Welthit von den Bee Gees: „Ah, ah, ah, ah, stayin' alive …“ 100 Beats pro Minute, genau das richtige Tempo für eine Herzmassage. Dazwischen Atemspenden. Dutzende Male hatte er es geübt inklusive „Stayin' Alive“. Jetzt konnte der junge Beamte damit erstmals einen Menschen retten. Falls es gelang: „Ah, ah, ah, ah, stayin' alive …“

Endlich kam er zurück, ja, der Mann kam zurück! Hendrik fühlte es erst, dann sah er es auch. Der Brustkorb hob und senkte sich wieder von selbst. Hendrik kamen die Tränen vor Glück. Er hatte es geschafft! Er hatte ein Leben gerettet! Das musste er seinem kleinen Sohn Jonas erzählen, der auch Polizist werden wollte wie der Papa. „Papa Politei!“, brabbelte der Kleine ständig vor sich hin und „Kistind Politei-Auto!“ Das Christkind sollte ihm ein Polizeiauto bringen. Hendrik würde das Auto heute noch kaufen, sofort nach der Schicht. Eines mit allen Schikanen.

Die Rettungskräfte waren angekommen. Hendrik informierte den Notarzt, die Routine begann. Dann hatte der Polizist noch einen wichtigen Einsatz. Er musste sich um seine Kollegin kümmern, die zitternd auf dem eiskalten Bordstein saß und Rotz und Wasser heulte. Sie hatte einen Menschen angefahren, der vielleicht daran sterben würde. Oder ein Leben lang darunter leiden würde. Sie konnte nichts dafür, das Eis war schuld, aber sie hatte das Auto gefahren, sie hatte es getan. Hendrik setzte sich neben seine verzweifelte Kollegin und nahm sie in den Arm.

Joachim Löw wunderte sich, warum die Polizei so lange brauchte. Die waren ja noch langsamer als seine Stürmer bei der Europameisterschaft 2021, als Deutschland im Achtelfinale kläglich an England gescheitert war. Zwei Tore hatte Manuel Neuer kassiert, seine Vorderleute hatten kein einziges geschossen. „Högschd seltsam", murmelte er und räumte seinen Rollkoffer wieder aus. Samt den Nivea-Men-Produkten.

Als die Streife endlich eintraf, entschuldigten sich die Beamten, berichteten über das Blitzeis und den Unfall der Kollegen. Jogi führte die Polizisten ins Wohnzimmer, zeigte das Sideboard, von dem der Pokal verschwunden war, und wies auf den Tresor. Das Bild, das davor gehangen hatte, lehnte an der Wand. Es war ein Bildnis des deutschen Bundestrainers, geschaffen von einem brasilianischen Porträtmaler während der Weltmeisterschaft 2014. Der Pinselkünstler hatte einen Stand auf einer Straße in São Paulo gehabt. Jogi hatte sich aus Jux und Tollerei hingesetzt wie ein stinknormaler Tourist und sich porträtieren lassen. Er zahlte den doppelten Preis, denn das Bild gefiel ihm ausnehmend gut. Fröhlich naiv und südamerikanisch bunt, sogar das dunkelblaue Boss-Hemd war zu einer Farborgie geworden. Nur Jogis schwarzer Pony war ein schwarzer Pony geblieben, Ehrensache.

Zurück zum Einbruch. Die Beamten machten Fotos, kündigten eine Untersuchung durch die Kriminaltechnik an und ermahnten den sehr geehrten Herrn Löw, nichts anzufassen. So ein Tatort sei praktisch ein Strafraum, witzelte einer der beiden. „Und die Versicherung informieren", drängte der zweite. Dann hinterließen sie noch ihre Karten und wurden mit Autogrammen, einem Selfie sowie Mannemer Dreckbatzen belohnt. Nicht zu viele, auch Badener sind sparsam.

„Schönen Tag noch, Herr Löw, vielen Dank auch und frohe Weihnachten!" Einsatz abgeschlossen.

Kevin war zwölf, und Kevin hatte etwas gesehen. Glücklicherweise hatten die Schulen wegen des drohenden Blitzeises nach der dritten Stunde den Unterricht beendet, sonst hätte er es nicht gesehen. Vom Fenster seines Zimmers aus. Ein Rucksack war über den Zaun geflogen und im Blätterhaufen gelandet, den er persönlich aufgeschichtet hatte. Bei der Laub-

Kehrwoche im Garten. Weil der Papa Mitarbeit schätzte und auch mit einem Beitrag zum Taschengeld belohnte. Nicht zu viel, auch Badener sind sparsam. Ich glaube, ich habe es schon erwähnt.

Kevin allein zu Haus flitzte in den Garten, barg den Rucksack, wunderte sich über das Gewicht und schleppte ihn hoch in sein Zimmer. Nach dem Öffnen traf ihn fast der Schlag. Entschuldigung, er war mega geflasht. Ein goldener Pokal, boah! Kevin war voll im Stoff, was angesagte Sprache betraf. Von Rap-Musikern kann man einiges lernen. Yo, Bruder!

Näherer betrachtet, war der Pokal dann doch ein bisschen Möhre. Es heißt, dass er Hände von Fußballspielern zeigt, die einen Erdball halten. Schwer zu erkennen, aber auf jeden Fall Handspiel! Kevin stieg nicht ganz durch, und manchem von uns dürfte es ähnlich ergehen. Eindeutig dagegen war die Gravur: *FIFA World Cup*. Wäre das Teil ein Original und hätte ein Preisschild, würden darauf circa 200.000 Euro stehen. Aber das wusste Kevin nicht. Er wusste auch nicht, dass es nur eine Nachbildung aus vergoldeter Bronze war. Das Original steht im FIFA-Museum in Zürich und wird nur zu den Weltmeisterschaften herausgerückt. Schweizer sind eben auch sparsam. Summa summarum also kein Riesenverlust für Langfinger-Gustl, die Beute hätte nicht den großen Reichtum erbracht. Aber davon wusste Kevin auch nichts.

Allerdings hatte der Junge sofort gepeilt, wem das Teil gehörte. Bloß warum hatte der es weggeschmissen? Dann entdeckte der Bub im Rucksack die eigenartigen Werkzeuge und fand mit der Google-Bildersuche heraus, dass es sich um eine Ausrüstung für Einbrecher handelte. Kevin zog seine Schlüsse und entschied sich einzugreifen. Dieser Jogi Löw war nämlich ein echt abgefahrener Typ und voll nett. Als Kevin einmal mit seinem Lederball auf der Straße herumgekickt hatte, war der Nachbar aus der Nummer 44 zufällig dahergekommen und hatte sich eingeklinkt. Der hatte es echt drauf, sogar im eleganten Anzug und mit blank polierten Lederschuhen. Ballbehandlung erste Sahne, Kevin war krass gebügelt vor Bewunderung. Yo, Bruder!

Als der Bub an Jogis Haus ankam, fuhr gerade die Polizei fort. Hatte er es doch gewusst! Kevin klingelte.

Das Unfallopfer war mittlerweile identifiziert. Als August Schätterle, genannt Langfinger-Gustl. Beruf angeblich Kaufmann, polizeibekannt, Vorstrafenregister trotzdem überschaubar, ein Cleverle also. Er war seit einem Tag raus aus der Intensivstation und verdammt heilfroh, mit einem intakten Herzen und einem Schleudertrauma davongekommen zu sein. Diverse Blessuren, Schrammen, blaue Flecken, Kopfverband und Halskrause inklusive. Es war ihm ein echtes Bedürfnis gewesen, seinen Lebensretter auf eine Runde Krankenhausluft einzuladen. Ganoven mit Berufsehre haben nämlich Anstand und zwei Regeln: Wenn dich jemand linkt, hau ihm aufs Maul, und wenn dir jemand den Hintern rettet, bedanke dich gefälligst!

So holte sich der Polizeibeamte Hendrik eine herzenstiefe Umarmung ab und erzählte von den Gefühlen, die ihn überschwemmt hatten, als Gustl ins Leben zurückkam. Wie ihn die Tränen übermannt hatten und er an seinen kleinen Sohn denken musste, der auch Polizist werden wollte und sich ein „Politei-Auto" wünschte. Gustl, der Gauner, war gerührt, ließ sich aber nichts anmerken.

Kurz darauf wurde der Langfinger entlassen, einen Tag vor Heiligabend. Jetzt konnte er sie endlich ausgiebig feiern, seine Wiederauferstehung. Damit war er diesem Jesus um Längen voraus, denn der war erst an Ostern dran. Gustl machte sich auf zu Lidl und kaufte alles weg, was mit Begriffen wie *Gourmet* oder *Deluxe* daherkam. Cremiges Kürbissüppchen, feine Rehmedaillons mit Rotweinsoße, Butterstollen. Dazu zwei Pullen Sekt. In der Tat, er klaute nicht, er kaufte. Wenigstens fast alles.

An Heiligabend stand bei Jogi Löw die WM-Trophäe wieder auf dem Sideboard, das Porträt aus Brasilien hing wieder vor dem unversehrten Tresor, daneben stand der Christbaum. Högscht behaglich und stimmungsvoll.

Kevin hatte die neue Playstation bekommen, echt abgefahren, Bro! Unter dem Baum lag auch noch ein unscheinbares kleines Paket. Darin eine Jahreskarte für alle Spiele des SC Freiburg im Europa-Park-Stadion. Mit einem Zettel: „Für meinen Pokalhelden. Dein Jogi." Ultra abgefahren!

Jonas, Hendriks kleiner Sohn, feierte sein drittes Weihnachtsfest, und das Christkind hatte ihm gleich zwei Polizeiautos gebracht. Der Kleine war außer sich vor Begeisterung: „Jonas Politei!"

Die Diebstahlsanzeige, die kurz nach den Feiertagen im Revier einging, ließ Hendrik dezent verschwinden. Bei Lidl war ein hochwertiger Spielzeug-Streifenwagen gestohlen worden. Hendrik erklärte die Sache zur Bagatelle, das Auge des Gesetzes muss auch mal ein Auge zudrücken.

Was lernen wir aus der Geschichte? Ganz einfach: Nie den Mut verlieren, Leute! Alles wird gut. Wenigstens fast alles. Seien wir zuversichtlich wie Toni Polster, österreichischer Fußball-Stürmerstar und ein Vorbild an

Lebenslust: „Ich bin durch und durch Optimist. Sogar meine Blutgruppe ist positiv!"

Nachbemerkung:

Das Lied von Udo Jürgens „Merry Christmas allerseits", das Jogi im Autoradio hört, ist ein fröhliches Werk mit einem quietschfidelen deutsch-englischen Text. Falls Sie es nicht kennen, entgeht Ihnen echt was, deswegen drucke ich die Worte hier ab:

One two three four
When the snow falls wunderbar
And the children happy are
When the Glatteis on the street
And we all a Glühwein need
Then you know, es ist so weit
She is here the Weihnachtszeit

Every Parkhaus is besetzt
Weil die people fahren jetzt
All to Kaufhaus Mediamarkt
Kriegen nearly Herzinfakt
Shopping hirnverbrannte things
And the ChristmasGlocke rings

Merry Christmas, Merry Christmas
Hear the music, see the lights
Frohe Weihnacht, frohe Weihnacht
Merry Christmas allerseits …

Mother in the kitchen bakes
Schoko-, Nuss and Mandelcakes
Daddy in the Nebenraum
Schmücks a Riesen-Weihnachtsbaum
He is hanging auf the balls
Then he from the Leiter falls

Finally the Kinderlein
To the Zimmer kommen rein

And es sings the family
Schauerlich: „Oh Christmas Tree!"
And then jeder in the house
Is packing die Geschenke aus

Merry Christmas, Merry Christmas
Hear the music, see the lights
Frohe Weihnacht, frohe Weihnacht
Merry Christmas allerseits

Mama finds under the Tanne
Eine brandnew Teflonpfanne
Papa gets a Schlips and Socken
Everybody does frohlocken
Präsident speaks in TV
All around is Harmonie

Bis mother in the kitchen runs
Im Ofen burns the Weihnachtsgans
And then comes the Feuerwehr
With Tatütata daher
And they bring a long, long Schlauch
And a long, long Leiter auch
And they schrei: „Wasser marsch"
Christmas is – now – im Eimer …

Merry Christmas, Merry Christmas
Hear the music, see the lights
Frohe Weihnacht, frohe Weihnacht
Merry Christmas allerseits …[1]

Möge Ihr Weihnachtsfest weniger katastrophal, aber genau so lustig werden.

Merry Christmas!

[1]Text: Wolfgang Hofer
Musik: Udo Jürgens
Verlag: Aran Concertical Productions AG

Stille Nacht, Tödliche Nacht

Der Bodensee ist ein verwirrendes Gewässer. Wenn man sich zur Weihnachtszeit in Konstanz ans Ufer stellt und über die Wellen Richtung Bregenz schaut, sieht man von Bregenz nicht die Bohne. Nicht weil es dicke Flocken schneit, sondern weil die Erdkrümmung den Blick versperrt. Im Winter wie im Sommer.

Kein Wunder bei einem 65 Kilometer langen Riesengewässer, das schon dem Namen nach Rätsel aufgibt. Dieser Name kommt von einem Ort an der Nordspitze des Sees, der Bodman heißt und den kein Mensch kennt. Auch die Römer nicht. Deshalb hatten sie den See *Lacus Brigantinus* getauft, also Bregenzer See. In anderen Sprachen wird er bis heute hartnäckig Konstanzer See genannt, auf Italienisch beispielsweise *Lago di Costanza*. Im Volksmund heißt er ganz bescheiden Schwäbisches Meer. Denn wenn der Schwabe über dieses Wasser blickt, entfährt ihm stolz der Satz: „Wenn i den See seh, brauch i koi Meer mehr!"

Am Schwäbischen Meer liegt auch die Hafenstadt des württembergischen Königs Friedrich, also Friedrichshafen. Die Eingeborenen dort nennen sich Hafler. In ihrer Stadt hat sich kürzlich ein Weihnachtsrätsel zugetragen, rätselhafter, als die Polizei erlaubt. Die Geschichte fängt mit dem Baron und der Diva an.

Der Baron kam mit seinem silbergeschmückten Gehstock wie immer zu spät. Und weil die Diva immer mit dem Baron kam, war auch sie zu spät. Die anderen hatte ihre Lebkuchen schon aufgegessen oder wenigstens angeknabbert und dazu dem Kaffee mit Schlagsahne zugesprochen.

Dieser Kaffee war eine dezente Dröhnung, ein sogenannter

Pharisäer. Eine Mixtur ähnlich dem Irish Coffee oder dem Rüdesheimer Kaffee. Schuld an dem hochprozentigen Heißgetränk ist ein Pastor aus Nordfriesland. Ein strenger Asket, nicht nur geographisch weit entfernt von schwäbischer Schlitzohrigkeit und Lebenskunst. Seine Schäfchen wussten um die Verachtung des Priesters für Alkohol und vermieden es tunlichst, in seiner Gegenwart geistige Getränke zu konsumieren. Doch ein sturer Friesenbauer hatte die Enthaltsamkeit satt. Er erfand einen Kaffee, der harmlos daherkam, aber mit Rum kräftig verfeinert war. Eine mächtige Sahnehaube obendrauf verhinderte verräterische Gerüche. Irgendwann kriegte der Pastor die Sache dann doch spitz und machte seiner Entrüstung lauthals Luft: „Oh, Ihr Pharisäer!", soll er bibelfest ausgerufen haben, und schon hatte der gehaltvolle Drink seinen Namen weg. Die Nordfriesen gehen übrigens davon aus, dass der Herrgott die Sache amüsiert zur Kenntnis genommen hat, denn bis heute ist kein Fall bekannt, dass jemand wegen der heißen Köstlichkeit in der heißen Hölle gelandet wäre. Genauso wie bei den schwäbischen Herrgottsbscheißerle. Aber die gehören in die Geschichte mit Vincent Klink.

Ich bin abgeschweift, tut mir leid. Also wieder zurück. Der Baron und die Diva waren zu spät gekommen zum adventlichen Beisammensein in der noblen Seniorenresidenz Friedericianum. Kein Pflegeheim von der Stange, sondern maßgeschneiderte First Class, fünf Sterne mit entsprechenden Preisen. Dennoch ein gefährliches Pflaster, wie wir noch erfahren werden.

Der Baron und die Diva bekamen im eleganten Gemeinschaftsraum Lebkuchen und Kaffee nachgereicht, den Pharisäer, der so lecker wärmt zur Winterszeit. Dann betrat Marianne das kleine Podest mit dem Mikrofon, um eine Geschichte vorzulesen. Die Vorhänge hatten sich mit dezentem Surren elektrisch geschlossen, die Kerzen auf den Tischen und am Weihnachtsbaum verbreiteten heimeliges Licht. Die rothaarige Marianne war als Pflegerin aus dem Salzburgischen an den Bodensee gekommen und zum erklärten Liebling der Residenzbewohner aufgestiegen. Mit dem Charme des österreichischen Akzents hörte sich ihre Erzählung besonders faszinierend an.

Sie begann: „Wie Sie alle wissen, komme ich aus dem Salzburger Land, und was ich Ihnen jetzt vorlese, hat sich vor mehr als zwei Jahrhunderten in meiner Heimat wirklich zugetragen. Alles ist wahr."

Marianne öffnete ihr Buch.

„Es ist das Jahr 1792. An einem bitterkalten Wintertag kurz vor Weihnachten kommt in Salzburg Joseph zur Welt. Seine Mutter ist eine Strickerin, der Vater Soldat in Diensten des Fürsterzbischofs. Die beiden sind nicht verheiratet, also wird Joseph unehelich geboren. Das gilt damals als überaus unchristlich und verachtenswert. Die Eltern des Kindes in Bethlehem wären da wohl anderer Meinung, steht zu vermuten. Wie auch immer, die Mutter wird wegen *fleischlichen Verbrechens* zu neun Gulden verurteilt, der Kindsvater desertiert und flieht aus der Stadt, um einer Strafe durch den sittenstrengen Erzbischof zu entgehen. Er hinterlässt seinem Sohn lediglich den Nachnamen und verschwindet für immer. Mutter Anna bleibt mit dem Buben alleine zurück. Ihre winzige Wohnung liegt in einer engen Gasse im Schatten des Kapuzinerbergs, die Behausung ist dunkel, kalt und feucht.

Als der neugeborene Joseph getauft werden soll, findet sich erst kein Pate für das Kind der Schande. Niemand will sich mit einem solchen Liebesdienst besudeln. Bis auf Franz Joseph Wohlmuth. Er bessert als bezahlter Taufpate sein Salär auf. Sein Salär als Henker, als letzter Scharfrichter der Stadt Salzburg. An die 500 Delinquenten hat er in seiner Laufbahn geköpft oder aufgeknüpft um der Gerechtigkeit willen. Heute hat man dafür Giftspritzen der neuesten Generation oder einen hochmodernen elektrischen Stuhl, aber deswegen ist es nicht weniger mittelalterlich.

Joseph, der Täufling des Scharfrichters, wächst in ärmlichsten Verhältnissen heran und will Priester werden. Wieder steht ihm seine uneheliche Geburt im Wege. Der Papst in Rom muss persönlich eine Ausnahmegenehmigung erteilen. Das klappt, Joseph wird geweiht.

In jenen Zeiten ist das Salzburger Land durch Krieg, Hochwasser und Missernten ausgeblutet und ausgezehrt. Das Weihnachtsfest bildet einen der wenigen Lichtblicke im Leben der Menschen. Doch in Pfarrer Josephs Kirche ist die Orgel kaputtgegangen. Mäuse haben den Blasebalg angeknabbert. Was tun? Joseph ist verzweifelt. Er will doch für die leidenden Gotteskinder eine festliche Christmette ausrichten, die Wärme, Glanz und Hoffnung verströmt!

Da fällt ihm ein Gedicht ein, das er zwei Jahre davor geschrieben hat. Er nimmt den Zettel und stapft durch den Schnee zu seinem Organisten. Der greift zur Gitarre und komponiert in Windeseile eine Melodie zu dem Gedicht. Die Christmette ist gerettet! Alle Gläubigen singen mit einem Strahlen in den Augen zu den Klängen der Gitarre. Sie singen *Stille Nacht, heilige Nacht*.

Joseph Mohr, das Kind der Schande, der uneheliche Sohn einer Handlangerin und eines weggelaufenen Legionärs, wird nicht mehr erleben, wie sein Lied um die Welt geht. In der kalten, feuchten Wohnung seiner Kindheit hat er sich eine Lungenkrankheit zugezogen, die ihn immer mehr schwächt. Trotzdem errichtet er neben der Kirche noch eine Bleibe für bedürftige alte Leute, die als Knechte und Mägde ausgedient haben und vom Hof gejagt wurden. Er baut eine Schule und verkauft seine Kuh, um mit dem Erlös die Schulbücher für die Kinder bezahlen zu können. Dann stirbt er im Alter von 56 Jahren und wird in einem Armengrab beigesetzt."

Marianne, die beliebte Pflegerin aus dem salzburgischen Nirgendwo, atmete tief durch und las ihren letzten Satz: „Joseph, der Täufling des letzten Henkers, zeigt uns, dass es nicht wichtig ist, woher wir kommen, sondern wohin wir gehen."

Sie klappte das Buch zu. Schweigen, nachdenkliche Gesichter, verhaltenes Nicken. In einigen Augenwinkeln sogar ein paar Tränen. Irgendjemand summte leise das Lied und brach es wieder ab. Bei jeder anderen Lesung hätten die Leute frenetisch applaudiert. Marianne konnte aus der Stille hören, wie beeindruckt ihr Publikum war.

Nur der Baron und die Diva zeigten keine Regung. Sie schienen eingeschlafen zu sein. Plötzlich kippte der Kopf der Diva zur Seite. Dabei fiel die Spange mit der weißen Rose, die sie immer im Haar trug, zu Boden. Das leise Klacken fuhr durch die Stille wie ein Hammerschlag.

Professor Pistorius, Inhaber und ärztlicher Leiter der Residenz, wandte sich dem Geräusch zu und eilte sofort zu Hilfe. Er beugte sich über die Diva, tastete die Halsschlagader ab und schrie durch den Raum: „Den Defibrillator!" Ein Befehl. Marianne, die wie erstarrt dasaß, ließ vor Schreck ihr Buch fallen, rannte in den Flur und kam mit dem lebensrettenden Apparat wieder. Aber sie kam umsonst. Die Diva war tot, keine Technik der Welt konnte ihr das Leben jemals wieder zurückbringen.

Alle hatten sich rund um das Geschehen versammelt und bemerkten erst jetzt, dass der Baron – geweckt vom lauten Ruf des Professors – seine Augen geöffnet hatte. Er fühlte sich seltsam benommen, hatte Mühe, sich zu orientieren, und realisierte nur bruchstückhaft, was vorging. Dann fiel sein Blick auf die Diva, seine Augen weiteten sich vor Entsetzen. Er begann zu schwitzen, schloss die Augen wieder, sackte in sich zusammen. Er hatte wohl verstanden, was geschehen war, und sein Körper war in eine Bewusstlosigkeit geflohen.

„Adrenalin! Trage!", rief der Professor. Marianne hatte mittlerweile alle verfügbaren Kollegen alarmiert, und die wussten, was zu tun war. Wenige Minuten später lag der Baron, Gott sei Dank lebendig und gut versorgt, auf der Krankenstation.

„Let's Spend the Night Together", Cop Jagger sang sich die Seele aus dem Leib. Der Probenraum, mit Rolling-Stones-Postern und weihnachtlichen Tannenzweigen dekoriert, dröhnte, als wären die Megarocker persönlich am Werk. Doch es waren lediglich „The Rolling Bones", die rollenden Knochen, eine Coverband um den ehemaligen Polizeikommissar Claudius Oliver Pfeilschmidt. Wegen seiner Initialen Cop genannt, und Jagger, weil er sich gab wie der Stones-Frontman. Und fast so alt war er auch. Na ja, zehn Jährchen jünger. Wobei der Chef der Stones auch altersmäßig ein Vorbild für ihn war. Wenn er den so sah mit seiner Agilität und Fitness, war er geneigt, Sex, Drugs and Rock 'n' Roll als die einzig wahren Anti-Aging-Mittel anzusehen. Da brauchst du weder *Doppelherz* noch *Gingium* oder einen Treppenlift. Zudem konnte man sich damit locker ein Schloss an der Loire verdienen samt 20 Hektar Park ringsum und eigenem Wasserfall. Der Cop war allerdings nicht neidisch darauf, immerhin wohnte er selbst im Friedericianum in einem 2-Zimmer-Appartement samt Balkon und Südlage, da kann man nicht meckern.

Die Proben waren genauso gut wie laut gewesen, und so kam Cop Jagger in bester Laune zum Abendessen in die Residenz zurück. Sofort spürte er die gedrückte und gleichzeitig angespannte Stimmung. Heute saß er an einem Zweiertisch mit Witwe Weingärtner, die sich ein paar Beruhigungstropfen reingepfiffen hatte wegen all der Aufregungen. Dennoch erzählte sie wie ein Buch über die unerhörten Vorfälle: „Das hätte mein Erwin selig noch erleben sollen!", ereiferte sie sich. Was Erwin selig verpasst hatte, schälte sich aus ihrem Redefluss langsam heraus, und in Cop Jagger begann sich der Kriminaler zu regen. Aber nach dem Essen kam erst noch der Digestiv, ein Sambuca, weihnachtlich flambiert und mit Kaffeebohnen obendrauf. Originalgetreu. Durch die bitteren Bohnen schmeckt das süße Zeug doppelt so interessant, und es knackt einfach herrlich beim Draufbeißen. Noch ein Espresso mit wortreicher Begleitung durch Witwe Weingärtner, dann machte sich der Ex-Polizist auf den Weg zum Gemeinschaftsraum.

Hier erinnerte nichts mehr an die letalen Geschehnisse des Nachmittags. Die Tische waren abgeräumt, die Deckchen erneuert, der Boden schien frisch gewienert zu sein. Offensichtlich sollten mit dem Wischwasser auch die bösen Erinnerungen für immer im Gully verschwinden.

Im Friedericianum hat das Wohlbefinden der Bewohner oberste Priorität. Auch das seelische Wohlbefinden. Nur lässt sich ein Tod, den man hautnah miterlebt, nicht einfach mit Wasser und dem *General* wegputzen. Er krallt sich in der Seele fest und will nicht raus.

Der Säuberungsaktion waren wohl auch mögliche Spuren zum Opfer gefallen, falls es sie denn gegeben hatte. Cop Jagger wollte das nicht ausschließen. Ein erfolgreicher Schnüffler entwickelt eine Nase für so etwas. Also inspizierte er die Spülküche. Pech gehabt. Fast alles Geschirr schon durchgewaschen und ordentlich in die Schränke eingeräumt. Die Spülmaschine war grade bei der letzten Fuhre, das Display zeigte 0:03, da war nichts mehr zu machen. Der Biomüll-Eimer! Geleert, noch mal Pech. Die Biotonne hinter dem Haus! Aber der Müllwagen war gerade da gewesen, er hatte ihn selbst gesehen, als er von der Probe zurückkam.

„You Can't Always Get What You Want", würde Mick in diesem Fall singen. Was aber jetzt nicht wirklich weiterhalf.

Okay, vielleicht war die ganze Sucherei auch grundlos. Aber ein Verdacht ist immer verdächtig. Der Cop nahm sich vor, dranzubleiben.

Der Baron, mit bürgerlichem Namen Mirko Dumba, war Erbe einer steinreichen böhmischen Dynastie von Glasfabrikanten, hatte zum Spaß Nachtclubs betrieben und sich dann in ein Dasein als Privatier zurückgezogen. Er hatte nicht nur einen Haufen Geld, sondern auch Stil mit einem Hang zum Exzentrischen. So erschien er stets mit einem silberbeschlagenen Gehstock, obwohl er ausgezeichnet zu Fuß war. Zurzeit war der Stock außer Betrieb. Wir wissen, warum.

„Wie geht es dir, mein Lieber?", wollte der Cop von seinem Freund wissen.

„Wie soll es mir schon gehen? Meine Herzensdame ist tot, verdammt! Und ich habe nichts tun können, habe nichts mitbekommen, weil ich weggeschlafen bin!" Der lebenslustige Baron war aktuell ein Häuflein Elend unter einer weißen Decke mit Infusionsschlauch am Arm. Und mit müden, traurigen Augen. Die verwitwete Opernsängerin Dorothee Schreyvogel war seine Gefährtin im Alter gewesen. Sie hatten ein zufriedenes Paar gebildet in distanzierter Nähe, beide mit eigenem Appartement. Und jetzt war sie tot. Nie hätte der Baron gedacht, dass es ihm so nahegehen könnte. Warum hatte er nicht aufgepasst?

Cop Pfeilschmidt versuchte sich als Tröster: „Einfach mal einschlafen ist normal in unserem Alter. Du darfst dir keine Vorwürfe machen!"

Ein seltsames Bauchgefühl ließ ihn weiterreden: „War heute irgendetwas anders als sonst? War *Doro* anders als sonst? Hat sie sich unwohl gefühlt?"

Der Baron fuhr heraus aus seinem Seelenschmerz: „Was meinst du damit? Du glaubst doch nicht, dass Doro sich umgebracht hat? Doktor Pistorius hat sie untersucht und einen Herztod festgestellt, sonst nichts. Er hat es mir selbst gesagt, sehr sensibel, sehr mitfühlend."

„Tut mir leid. Einmal Bulle, immer Bulle. Ist aber hier wohl übertrieben."

Baron Dumba richtete sich auf: „Moment, vielleicht doch nicht! Ihr Sohn und seine Frau haben diesen Nachmittag ausgerichtet, die Lebkuchen spendiert und die Lesung arrangiert. Das machen sie jedes Jahr. Kannst du nicht wissen, weil du noch nicht so lange hier bist. Wir sind wie üblich zu spät gekommen, und Elke, die Schwiegertochter, hat uns persönlich versorgt. Mit den Lebkuchen und dem Pharisäer. Doro war ihr nicht gewogen, hielt sie für ein raffiniertes Weibsstück. Der Adventsnachmittag sei einzig und allein Wohltätigkeit in eigener Sache. Zum Zwecke der Erbsicherung. Wobei Doro auch schon überlegte, ein Testament aufzusetzen, damit die beiden außer dem Pflichtteil nichts bekommen."

„Hochinteressant", bemerkte Cop Jagger. „Grundsätzlich gibt es drei Möglichkeiten. Erstens, es war ein natürlicher Tod. Dafür spricht die Diagnose von Dr. Pistorius. Zweitens, sie hat es selbst getan. Sorry, mein Lieber, ich kann diese Option nicht ausschließen. Aber wie hätte sie es getan und womit und warum?"

„Vergiss es", befahl der Baron mit feuchten Augen, „das hätte Doro niemals gemacht."

„Gut, vergessen wir das. Bleibt noch die dritte Variante: Mord. Ein Motiv hast du gerade genannt, das Erbe. Ich werde meine alten Beziehungen spielen lassen, mal sehen, ob etwas Erhellendes herauskommt."

Ein engelsgleiches Wesen namens Schwester Iris schwebte ins Krankenzimmer. Zeit für den Cop, sich zu verabschieden: „Ich überlasse dich jetzt dem betreuten Wohnen. Falls was ist, ruf an, aber ich schätze, du bekommst eine Dosis zum Durchschlafen. Bis morgen dann!"

Der Cop strahlte die liebreizende Iris an und groovte locker an ihr vorbei zur Türe. Als Jagger-Double muss man so etwas einfach draufhaben.

Pizza kann jeder, Flammkuchen auch. Mit einem Griff in die Kühltruhe im Supermarkt. Die Schwaben müssen natürlich wieder ausscheren. Die

„henn nämlich ebbes Besseres“, die *Dinnete*. Eine Mischung aus Pizza und Flammkuchen, länglich geformt, mit Schinken, Speck und Bergkäse obendrüber. Gibt es auch auf dem Weihnachtsmarkt in Friedrichshafen, der sich großartig *Bodensee-Weihnacht* nennt. Als würden alle anderen Städte am See nicht existieren, Lindau nicht, Konstanz nicht, Bregenz nicht. Ist jetzt aber nicht wichtig.

Wichtig war, dass es dem Kommissar Leo Schwertfeger schmeckte. Er langte gebührend hin und spülte jeden Bissen Dinnete mit einem Schluck Glühwein hinunter. Wie schön, wenn er außer Dienst ist, der Spruch: „Nein danke, ich bin im Dienst.“

Cop Jagger hatte Schwertfeger als Nachfolger empfohlen und somit immer eine Anlaufstelle, die mit Informationen nicht geizte.

„Okay, ich habe verstanden. Auskunft vom Nachlassgericht, betreffend Dorothee Schreyvogels Testament. Infos über Sven und Elke Schreyvogel, potenzielle Erben der erwähnten Doro. Wird beides morgen erledigt. Noch ein Glühweinchen?“

„Noch ein Glühweinchen!“, grinste der Cop, „auf meine Rechnung, versteht sich.“

Es war ja auch frostig kalt, da ist Wärmezufuhr unverzichtbar, zur Not auch auf alkoholische Art. Also: „Zum Wohle!“ oder bodenständiger: „En Guada!“

Beim Baron kehrten die Lebensgeister zurück. Trotz seiner Trauer. Oder gerade deswegen. Angestrengt dachte er nach. Da war etwas gewesen, was seine Doro ihm erzählt hatte. Aber was war es bloß gewesen? Es hatte mit ihrem Appartement zu tun gehabt. Der Baron beschloss, in der Nacht auf die Pirsch zu gehen, um der Erinnerung auf die Sprünge zu helfen.

Als die engelsgleiche Schwester Iris mit dem Abendbrot einschwebte, lächelte er sie unschuldig an und versprach, die Schlaftablette folgsam einzunehmen. Wobei er nicht die leiseste Absicht hatte, das wirklich zu tun. Die rosa Pille in dem kleinen Plastikschälchen landete letztendlich im Orkus und der Baron im Appartement von Dorothee Schreyvogel. Sie hatten einander ihre Schlüssel gegeben für den Fall der Fälle. Oder für gemeinsames Kuscheln, was immer schön gewesen war.

Im residenzeigenen Morgenmantel schlich er durch die Gänge, tappte im Dunkeln die Treppe hinauf in die zweite Etage bis zum Appartement 202. Er schloss auf, und die Stille traf ihn wie ein Hieb. Früher waren hier Opern-Videos gelaufen bis tief in die Nacht. So sollte es auch heute sein, beschloss er, griff nach der erstbesten DVD, legte sie in den Player und schaltete den Fernseher an.

Jetzt war es genau so, als wäre seine Doro nie gegangen.

Sie war eine grandiose Carmen gewesen, und der Baron hätte heulen können, als er ihre Stimme hörte:

Ja, die Liebe hat bunte Flügel,
Solch einen Vogel zähmt man schwer.
Haltet fest sie mit Band und Zügel,
Wenn sie nicht will, kommt sie nicht her.

Bei Doro und ihm war sie gekommen, die Liebe. Spät, besonnen, aber innig. Deswegen musste er herausfinden, was geschehen war. Das war seine Mission, das war er ihr schuldig, der Diva. Und der Liebe auch.

Plötzlich hörte er Dorothees Stimme auch reden: „Wenn ich vor dir gehe, bist du mein Notar. Ich vertraue dir mein Testament an."

Nun war die Erinnerung da, nun wusste er es wieder. Der Baron ging mit rücksichtsvoll leisen Schritten ins Schlafzimmer, und da war es! Sein eigenes Porträtfoto. In einem schlichten silbernen Rahmen stand es auf dem Nachttisch. Er öffnete den Rahmen, und er fand ein Blatt Briefpapier mit Doros Handschrift. Dorothee überall, zum Hören, zum Lesen, zum Fühlen. Nur nicht mehr zum Greifen nah.

Der Baron steckte das Blatt in die Tasche des Residenz-Bademantels und wollte sich aus dem Staub machen, da sah er ein weiteres Foto an den Spiegel geheftet. Ein sehr eindeutiges Foto. Auch das musste mit. Darüber hinaus hinterließ er alles so, wie er es vorgefunden hatte. Das Carmen-Video nahm er ebenfalls mit, es war für ihn ein Heiligtum.

Noch ein kurzer Abstecher in sein eigenes Appartement mit der Nummer 203. Schließlich hatte er versprochen, ein Beruhigungsmittel einzunehmen. Der französische Edel-Cognac aus seinem Vorratsschrank schien ihm dafür bestens geeignet.

Santé, Doro!

Kommissar Schwertfeger stieß einen überraschten Pfiff aus. Einen fast anerkennenden Pfiff. Sven und Elke Schreyvogel waren offensichtlich Spezialisten für Katastrophen. Die beiden hatten die Kunstbuchhandlung von Svens Vater geerbt, nach kurzer Zeit auf einen Webshop umgestellt und das Ladengeschäft geschlossen. Damit waren die treuen Stammkunden weg, der Umsatz rauschte in die Tiefe. Der wahre Kenner will halt blättern und schmökern, bevor er für 48 Euro einen Ausstellungskatalog erwirbt. Jetzt war die junge Schreyvogel-Generation verschuldet, das Haus gehörte der Bank, und die wurde immer knauseriger, was neue Kredite anging. Der Hobbydichter Schwertfeger schloss daraus messerscharf: „Macht's die böse Bank dir schwer, muss halt eine Erbschaft her!" Trotz des treffenden Reimes waren all diese Erkenntnisse inoffiziell und nur für singende Ex-Kommissare bestimmt.

Bei Aufgabenstellung zwei erwies sich das Nachlassgericht als tatsächlich nachlässig, nomen est omen. Es ließ erst einmal nichts von sich hören. Schwertfeger würde aber dranbleiben und sich die Hartnäckigkeit auf dem Weihnachtsmarkt honorieren lassen.

Dann griff er zum Hörer, um Cop Jagger zu informieren.

Als der Baron am nächsten Tag zum Frühstück geweckt wurde, spürte er dezente Nachwirkungen seines persönlichen Schlafmittels, ließ sich aber nichts anmerken. Nur die Harten kommen in den Garten! Im Winter erst recht. Er aß alles brav auf und bestellte ein zweites Kännchen Kaffee. Dann fischte er das Briefpapier mit dem Testament aus der Bademanteltasche, setzte sich auf die Bettkante, traute seinen Augen nicht und war am Ende wie vor den Kopf geschlagen. Was da stand, hätte er nie im Leben vermutet. Dorothee hatte tatsächlich ihren letzten Willen kundgetan. Und was für einen! Er griff zu seinem Handy und schickte eine Nachricht an den Cop.

Der frühstückte gerade auf dem Katamaran. Das Schiff hieß zwar Fridolin, war aber megafuturistisch und flüsterleise im Pendelverkehr zwischen Friedrichshafen und Konstanz unterwegs.

Warnung an alle Leser: Sagen Sie niemals Konstanz, sagen Sie immer Konschtanz. Sonst sind sie sofort enttarnt als einer, „der it vo do kunt". Also einer, der nicht von hier kommt.

Der Cop war wieder einmal unterwegs zu einem kleinen Schallplattenladen, in dem es Berge von Vinyl-Raritäten zu kaufen gibt. Ab und zu grub er sich dort durch die Bestände und fahndete nach historischen Stones-Scheiben für seine Sammlung.

Die Nachricht des Barons war allerdings elektrisierender als jeder noch so alte Longplayer mit Mick Jagger und seinen Kumpanen. Der Cop rief sofort seinen Nachfolger Schwertfeger an und bestellte dringend hochwichtige Recherchen. Vergütung via Weihnachtsmarkt wie gehabt.

Den Besuch im Vinylparadies hätte er sich sparen können. Trotz intensiven Wühlens fand er rein gar nichts, was eines Erwerbs würdig gewesen wäre. Vielleicht lag es ja auch an Mick Jagger, der mittlerweile ein *Sir* war und in weiser Selbsterkenntnis gesagt hatte: „Wir machen Musik zum Anhören und Wegwerfen. Rock 'n' Roll ist all den Lärm nicht wert, der um ihn veranstaltet wird.“ Eine Erkenntnis, die nicht nur für Rockmusik gilt.

Die neue Lage in Sachen Dorothee Schreyvogel beschäftigte den Cop die ganze Rückfahrt über, bis Fridolin wieder in Friedrichshafen anlandete. Sein Bauchgefühl hatte ihn nicht im Stich gelassen, obwohl er völlig falschgelegen hatte. Für den Cop war jetzt zu 99 Prozent klar, dass es Mord gewesen war. Aber wie hatte dieser Mord funktioniert? Er schwor sich, dies herauszufinden. „With a Little Help From My Friends“.

Aua, das waren jetzt die Beatles. Entschuldigung!

Das Nachlassgericht hatte sich doch noch herabgelassen, Auskunft zu geben. Die lautete kurz und bündig, dass kein Testament der Dorothee Schreyvogel hinterlegt sei. Der Cop nahm die Tatsache zur Kenntnis, weil sie sich wie ein exakt passendes Puzzleteil in die neue Sachlage einfügte. Dann bestellte er Schwertfeger in die Seniorenresidenz ein.

„Aber warum …?“

„Frag nicht lang, komm einfach, und du wirst als genialer Ermittler wieder rausgehen, weil du einen Mordfall als solchen erkannt und gelöst hast.“

Professor Pistorius war auf Visite, die engelsgleiche Iris und die rothaarige Marianne an seiner Seite. Im Krankenzimmer des Barons fand er den Bewohner Claudius Pfeilschmidt vor sowie einen weiteren Besucher, der ihm unbekannt war. Pfeilschmidt lächelte die Krankenschwestern mit seinem liebenswürdigsten Gesichtsausdruck an und komplimentierte beide gnadenlos aus dem Raum. Dann nahm er das Blatt, das der Baron hinter seinem eigenen Foto gefunden hatte.

„Dies, werter Herr Professor, ist das Testament der Frau Dorothee Schreyvogel. Darin wird Ihre Klinik als Erbin bestimmt, abgesehen vom Pflichtteil, der an den Sohn Sven fällt. Was sagen Sie dazu?"

„Ich wusste es", erklärte der Arzt und Unternehmer selbstbewusst, „Frau Dorothee hat diese Residenz über alles geschätzt und wollte, dass ich mein Werk weiterführen kann."

„Das Werk, das wegen immenser Schulden vor dem Bankrott steht", fuhr der fremde Besucher dazwischen. „Sie gestatten, Thomas Schwertfeger, Kriminalpolizei Ulm." Er zeigte seinen Ausweis.

„Und dann erzählte sie Ihnen, dass sie ihre Verfügung ändern würde. Es habe sich in ihrer Familie etwas Entscheidendes ereignet. Der Sohn und seine Frau waren zwar nicht zufriedenstellend geraten, aber Blut ist dicker als Wasser. Sie mussten schnell sein, sie mussten dem *Neuen Testament* zuvorkommen. Wie haben Sie es angestellt?"

„Nichts habe ich angestellt", bockte der Professor, „niemand kann mir etwas nachweisen!"

„Nein", ging der Baron dazwischen, „aber ich kann hier unter den Bewohnern berechtigte Zweifel an Ihrer Seriosität säen, ich kann vernichtende Vermutungen über Sie in die Welt setzen, ich kann Gerüchte von Todesgefahr für uns alle hier lancieren. Sie werden nichts dagegen tun können. Eine Klage wegen übler Nachrede wäre purer Selbstmord. Dann kämen die Verdächtigungen an die Öffentlichkeit, und wo Rauch ist, da ist auch Feuer."

„Sie … Sie … Sie Verräter, Sie Erpresser!" Der Professor verlor zusehends die Balance.

Der Baron fuhr ungerührt fort: „Ich kann allerdings auch diesen Laden hier aufkaufen, dann bleibt Ihr Lebenswerk am Leben, und Sie können vielleicht irgendwann zurückkommen. Je nachdem wie die Strafe ausfällt. Bei einem Geständnis bestimmt milder als ohne."

Professor Pistorius fiel in sich zusammen. Er sank auf einen der Besucherstühle: „Okay, es war ganz einfach. Frau Schreyvogel litt an Kaliummangel. Also habe ich ihr therapeutisch korrekt regelmäßig Kaliumchlorid gespritzt. Am fraglichen Tag dann eine tödliche Dosis. Die führt zu Hyperkaliämie und zu Herzstillstand. Das ist in diversen Ländern sogar ein Staatsakt, auf diese Art werden Hinrichtungen durchgeführt. Ein Nachweis der Todesursache ist kaum möglich, denn nach dem Tod fällt der extreme Kaliumspiegel rapide wieder ab. Meine Rettungsversuche habe ich bewusst dramatisch inszeniert, wohl wissend, dass sie nicht mehr helfen würden."

Der Professor hatte sich ergeben: „So, jetzt wissen Sie alles.“

An den folgenden Tagen gab es im Friedericianum nur ein Thema: der Mord an Doro. Es stellte sich heraus, dass drei weitere Bewohner den Professor in ihrem Testament bedacht hatten, unter anderem die Witwe Weingärtner. Sie hatte sofort ihren Notar eingeschaltet und kaufte an der nahe gelegenen Tankstelle jeden Morgen alle Exemplare der lokalen Tageszeitung *Bodensee-Express* auf. Die Gazetten verteilte sie zum Frühstück, und in das Klappern der Kaffeetassen mischte sich ein emsiges Rauschen des Blätterwaldes.

So auch heute. Aber dann erhob sich der Cop, schlug mit einem Messer gegen sein Orangensaftglas und kündigte ein geselliges Beisammensein an. 20 Uhr, nach dem Abendessen. Motto: „Let's Spend the Night Together“.

Der Gemeinschaftsraum war noch genau so dekoriert wie am Unglückstag. Dazu war eine kleine Bühne aufgebaut und vor dem Christbaum eine Staffelei mit einem Bild von Dorothee Schreyvogel als Carmen. Das schwarze Trauerband an der oberen Ecke des Fotos hatten sie weggelassen, es sollte ein fröhlicher Abschied werden.

Auch die jungen Schreyvogels waren gekommen. Elke lehnte den angebotenen Champagner ab.

„Das wäre nicht gut für meine Babys. Es sind zwei, sie kommen in sechseinhalb Monaten. Doro hat sich riesig gefreut und wollte das Ultraschall-Bild gleich rahmen lassen. Nun gut, jetzt wird der Baron das übernehmen, er hat das Foto ja an ihrem Spiegel gefunden.“

Schlagartig ging das Licht aus. Man hörte Schritte aus Richtung Bühne. Gespanntes Warten, dann gingen die Scheinwerfer an.

„One, two, three“, zählte der Drummer der Rolling Bones ein, und sie legten los. Mit der *Habanera* aus „Carmen“ in verrockter Version. Die E-Gitarre schrie vor Begeisterung, Frontman Cop Jagger sprang noch dynamischer als sein Kollege Mick hin und her und sang sich die Seele aus dem Leib: „Ja, die Liebe hat bunte Flügel …“

Dem Baron kamen die Tränen.

Mit Pauken und Trompeten

Jetzt mal ehrlich, was wissen Sie über Ulm? Wahrscheinlich genau das, was wir alle wissen. Fast nichts oder noch weniger. Okay, es liegt an der Donau, und da war etwas mit einem Kirchturm. Der höchste in Schwaben? Nein. Der höchste in Deutschland? Noch einmal nein. Der höchste der Welt? Aber klaro, ist uns nur gerade nicht eingefallen. 161 Meter 53 ragt er in den Himmel empor. Eine Turmbesteigung ist nur Ausdauersportlern zu empfehlen. 768 Stufen, das ist relativ viel. Von wem wissen wir das? Natürlich von Albert Einstein, dem Schöpfer der Relativitätstheorie. Und wo ist er geboren, der beneidenswert gescheite Zungenherausstrecker und Nobelpreisträger? In der Bahnhofstraße 20 in Ulm. Heiligs Blechle, der Erklärer des Universums ein Schwabe – im Silicon Valley glauben sie es bis heute nicht!

Und ich? Ich hätte ohne Ulm eine spannende und rätselhafte Geschichte weniger, die ich Ihnen erzählen kann. Aber ich habe sie, die Geschichte vom Tod beim Weihnachtsoratorium. Das wird allerdings nicht im Ulmer Münster aufgeführt, sondern in der avantgardistischen Pauluskirche. Mit der Höhe kann sie nicht punkten, ist aber dafür akustisch spitze.

Ein Weihnachtsoratorium erzählt die Geschichte von der Geburt Jesu Christi. Am besten mit Pauken und Trompeten. Johann Sebastian Bach hat das gewusst und ausgenutzt, in seiner Version hat er deshalb gleich am Anfang fünf Paukenschläge eingebaut. Die sind weltberühmt und gleichzeitig tödlich, denn sie ersetzen jeden Schalldämpfer.

Zu Beginn der Aufführung war alles noch die helle Freude. Die Stimmen des Chores schallten jubelnd durch das Kirchenschiff, das mehr einem Konzertsaal glich, und verkündeten das Wunder von Bethlehem.

„Jauchzet, frohlocket, auf, preiset die Tage,
rühmet, was heute der Höchste getan!
Lasset das Zagen, verbannet die Klage,
stimmet voll Jauchzen und Fröhlichkeit an!“

Die fast 300 Jahre alten Noten des Leipziger Thomaskantors wurden überwältigend lebendig dank der Musiker des philharmonischen Orchesters und der Ulmer Kantorei. Direkt vor dem Altar spielten sie ihr ganzes Können aus, musizierten und sangen sich in die Herzen des Publikums, das alle Plätze erwartungsvoll gefüllt hatte. Gastdirigent Richard zur Heide hatte drei Monate mit seinem Ensemble geprobt und großartige Arbeit geleistet. Zumal er auch noch umbesetzen musste, weil Aissa ausgefallen war. Die junge hoffnungsvolle Oboistin aus dem Senegal, die mit einem Sprung in die Donau Selbstmord begangen hatte. Wohl aus Heimweh, so die Vermutung der Ermittler.

Zur Heide hatte dennoch eine blendende Premiere hinbekommen. Das Auditorium war wie gebannt. Doch exakt am Ende des Eröffnungschores geschah es. Unvermittelt, unerwartet, niemand hatte es ahnen können.

Ein weiteres Mal erklang der Satz „Stimmet voll Jauchzen und Fröhlichkeit an!“ Die finalen Worte, von der Pauke energisch unterstrichen. Der Dirigent hatte seine Arme zum Abschlag emporgereckt. Und dann – fiel er! Fiel mit den erhobenen Armen einfach von seinem Podest. Als wäre es eine bewusste Inszenierung. Der letzte Jubelton von Bach klang mächtig aus, dann war Stille. Totenstille.

Schließlich ein Schrei von der ersten Violine: „Da ist Blut!“

Es war gelungen! Der Schuft war tot. Der Schuss hatte genau auf dem Paukenschlag gesessen und war ein Volltreffer gewesen. Jetzt nur noch ungesehen raus aus der Kirche, schleunigst die wenigen Straßen Richtung Donau, die Waffe auf Nimmerwiedersehen in die Fluten und fertig. Eine falsche Spur war in weiser Voraussicht gelegt, nichts konnte passieren. Irgendwann würde der Fall zu den Akten gelegt werden oder bei *Aktenzeichen XY … ungelöst* wieder auftauchen und ungelöst bleiben.

Eine Flut von Anrufen überschwemmte die Notrufzentrale. Übereifrige Konzertbesucher hatten sofort nach ihren Smartphones gegriffen und blockierten die Leitungen. Der Alarm war allerdings schon angekommen, Streifenwagen rasten los, Notarzt und Rettungswagen ebenso.

Ergebnis der wilden Jagd: Gastdirigent Richard zur Heide war tot, glatter Kopfschuss von hinten und eindeutig von oben. Also von der Orgelempore. Bevor die Konzertbesucher nach Hause entlassen wurden, führte die Polizei akribische Befragungen durch, ob vielleicht jemandem etwas aufgefallen war. Dabei wurde mehrfach ein dunkelhäutiger junger Mann erwähnt, der vor dem Kirchenportal herumgestanden hatte. Nach Meinung der Leute passte er ganz und gar nicht zu Johann Sebastian Bach. Nun ja, kulturelles Interesse und Vorurteile schließen sich nicht aus.

Kriminalhauptkommissar Telemann notierte den jungen Mann in seinen grauen Zellen. Die konnten sich alles merken, sie hatten unbegrenzten Speicherplatz. Deshalb galt er als Superhirn in den Kreisen der Ulmer Ermittler. Dafür mussten die Kollegennasen in Kauf nehmen, dass Telemann ein Liebhaber vom *Sauren Käs* war. Das ist die schwäbische Variante vom *Handkäs mit Musik*. Vom Geruch her identisch penetrant. Sollte in den Büros einmal das Licht ausfallen, man würde den Chef auch im Dunkeln finden.

Zurück zum Tatort Pauluskirche. Jemand aus dem Publikum kam als Täter nicht infrage, es saßen ja alle unten und nicht auf der Empore. Außerdem hatte niemand gesehen, dass ein Nachbar seinen Platz verlassen hätte.

Die Musiker und der Chor waren wie das Publikum ebenfalls unverdächtig. Wer kann schon einen Dirigenten, der vor einem steht, von hinten erschießen? Noch dazu in einem Chor singend, mit dem Notenbuch in der Hand, oder wenn er die zweite Flöte ist und umzingelt von Musikerkollegen?

Etwas Auffälliges mitbekommen hatten die Künstler auch nicht. Sie waren voll im Weihnachtsoratorium versunken gewesen, da geht die Aufmerksamkeit für alles andere quasi den Bach runter.

Estella, die Paukistin, hatte ebenfalls nichts gesehen. Aber sie hatte etwas erlebt. Die Polizeibeamtin, von der sie befragt wurde, rief Telemann hinzu.

„Bitte erzählen Sie dem Kommissar noch einmal das, was Sie mir gerade gesagt haben."

Estella rieb sich die traurigen Augen und wiederholte ihre Aussage.

„Ich war Aissas Vorgängerin. Ich habe Richard bewundert. Er hat es bemerkt und ausgenutzt. Er hat mich in teure Restaurants eingeladen, er hat mir eine großartige Karriere versprochen und er hat mich ins Bett gekriegt. Er hat das überzeugend gemacht, überzeugend verlogen. Ich habe ihm alles geglaubt. Bis Aissa zu unserem Orchester stieß. Da waren ich und meine Karriere plötzlich uninteressant. Eine schlanke Afrikanerin, dunkle Haut, tiefschwarzes Haar, sie wurde sein neues Spielzeug. Die berühmte Besetzungscouch gibt es nicht nur in Hollywood, sondern auch in der klassischen Musik. Ich denke, Sie sollen das wissen, auch wenn ich mich selbst verdächtig mache. Vielleicht gibt es ja noch andere Kolleginnen, die er benutzt hat – mit seinen dreckigen Dirigentenpfoten."

Estella verstummte, der Kommissar bedankte sich, und seine grauen Zellen schickten eine Benachrichtigung: „Querverbindung zu jungem Mann, Portal Pauluskirche!"

Gab es da wirklich einen Zusammenhang?

Richard zur Heide hatte, als er noch nicht tot war, ein Hotelzimmer angemietet. Im pittoresken Ulmer Fischerviertel an der Großen Blau. Die ist weder groß noch blau, aber immerhin ein Flüsschen, das nur noch wenige Meter hat, bis es in die auch nicht blaue Donau mündet.

Jetzt stand Kommissar Telemann vor dem *Schiefen Haus*. Gegen dieses Gebäude kann der schiefe Turm von Pisa einpacken. Das Haus ist so schräg, dass man denkt, es fällt gleich kopfüber ins Wasser. Weicher Untergrund, die Vorderfront eingesackt, schon war es fertig, das schiefste Hotel der Welt. Von den Guinness-Buch-Schiedsrichtern mit irischer Gründlichkeit ausgemessen und als Rekord bestätigt.

Kriminaltechnisch war das Fachwerk-Fotomotiv ebenfalls interessant. Im schrägen Appartement, das zudem noch Dachschrägen hatte, fand Guido Telemann ein schickes Notebook, das zu seiner Freude die Dateien ohne jedes Kennwort preisgab. Unzählige Fotos eingeschlossen. Fotos von Musikerinnen, *jungen* Musikerinnen. Auch Estella und eine Dunkelhäutige waren darunter. Die Spur wurde immer konkreter.

Telemann musste an den Ulmer Welterklärer Albert Einstein denken, der sich nicht nur mit Dunkler Materie beschäftigt hatte, sondern auch mit dem Dunkel in unseren Seelen: „Es ist einfacher, radioaktives Plutonium zu entsorgen als das Böse im Menschen."

Dann kassierte er den Rechner ein, versiegelte das Zimmer und stieg zufrieden die mit Kopfstein gepflasterte Straße hoch, weg aus den romantischen Donauniederungen. An seinem unscheinbaren, aber immerhin schwäbischen Dienstwagen angelangt, schmiss er den Computer auf den Beifahrersitz und fuhr zurück in die gar nicht romantische Betonwelt der Kriminalpolizeidirektion.

Kommissarin Loretta Gottschalk, wegen ihres Haars *Löckchen* genannt, war geschieden, alleinerziehende Mutter einer kleinen Tochter und zurzeit durch mit den Männern. Das hatte die Folge, dass sie stets versuchte, ein wenig besser zu sein als ihr Chef. Man muss es ihnen einfach zeigen, den Kerlen!

Telemann seinerseits war gerade durch mit den Frauen. Seine letzte Lebensabschnittsgefährtin hatte sich aus der Stinkekäse-Beziehung zu einem Parfümerie-Besitzer gerettet, bei dem es um Klassen besser und teurer roch. Und so war der Kommissar der Meinung: „Man muss es ihnen einfach zeigen, den Frauen!"

Der Kleinkrieg wirkte sich auf die Ermittlungsergebnisse positiv aus. Das ungleiche Paar stachelte sich gegenseitig an und war so zum besten Team im ganzen Laden geworden.

Löckchen hatte gerade den Hörer aufgelegt, als Telemann erschien und das Notebook präsentierte.

„Unser Herr Dirigent scheint ein notorischer Schürzenjäger gewesen zu sein", erklärte er und hoffte auf eine überraschte Reaktion.

„Ich weiß, ich weiß", erklärte Loretta betont lässig, „die jungen Musikerinnen! Habe gerade mit seiner Frau gesprochen. Die beiden waren nur noch auf dem Papier verheiratet, gingen getrennte Wege und in getrennte Betten. Früher war sie mit ihm verreist und hatte seine Auftritte bewundert. Jetzt hatte er seine Gespielinnen, und die Frau hatte eine Kreditkarte mit großzügigem Guthaben. An dem sie sich umso lieber bediente, je weiter der Göttergatte weg war."

Löckchen fand sich wieder einmal in ihrer Meinung bestätigt, dass Männer nichts wert waren. Die gute Frau zur Heide hatte vollkommen recht. Man muss es ihnen einfach zeigen, den Kerlen!

Rückblick. Aissa hatte auf dem Fußgängersteg unterhalb der Adenauerbrücke gestanden und in die Donau geschaut. Sie hatte sich mit billigem Fusel aus dem Discounter betrunken. Noch nie vorher hatte sie sich betrunken, weil sie es nicht musste. Sie war die Tochter eines erfolgreichen Exporteurs aus dem Senegal, sie hatte in Deutschland Musik studiert und war dabei, sich ein Leben als Instrumentalistin aufzubauen. Aber dieser Mann hatte ihr alles genommen. Er war nett gewesen und aufmerksam, hatte ihr eine große Karriere versprochen, und sie hatte sich verliebt. Aissa hatte ihm geglaubt, dass sie ihm einen großen Traum geschenkt hatte. Eine Gemeinschaft aus praller Lust und hoher Kunst.

„Ich bin dir so dankbar“, hatte er immer wieder geflüstert, „du machst mein Leben vollkommen.“

Aissa war im Himmel, bis die Orchesterkollegin Estella sie von Wolke sieben auf den Erdboden herunterriss. Und noch tiefer. Weil ihr der Dirigent seine Dankbarkeitsbezeugungen und Versprechen auch schon geflüstert hatte.

Aissa stand auf dem Fußgängersteg unterhalb der Adenauerbrücke. Sie hatte sich mit dem billigen Fusel aus dem Discounter ausreichend betrunken. So ging es ganz leicht. Sie stieg auf das Geländer. Sie schloss die Augen. Sie ließ sich in die nachtschwarze Donau fallen.

Die Akte war dünn. Junge Frau afrikanischer Herkunft unter Alkoholeinfluss, keine Spuren von stumpfer oder scharfer Gewalt, keine organischen Defizite, keine Schwangerschaft, keine Spermaspuren. Todesursache Ertrinken, vermutlich Suizid.

Akte geschlossen.

Wieder einmal eine Besprechung mit Stinkekäse. Löckchen hatte sich daran gewöhnt. Solange sie das Zeug nicht mitessen musste, war alles okay. Sie rächte sich mit einer Packung Peperoni-Chips und sabotierte damit die Kommunikation. Sie ließ die Tüte rascheln und die Kartoffelscheibchen genussvoll krachen.

„Estella selbst kann es nicht gewesen sein“, erklärte sie geräuschvoll kauend, „aber vielleicht hatte die Paukistin einen Komplizen.“

„Oder eine Komplizin“, ergänzte Telemann. Wenn es darauf ankommt, muss halt der Mann für Gender-Gerechtigkeit sorgen.

Löckchen überhörte die Spitze.

„Die anderen Frauen auf dem Notebook sollten wir auch in Betracht ziehen“, verkündete sie, „ich werde mir die Mädels vornehmen. Zur Heide hat ja ihre Vornamen notiert und welches Instrument sie spielen. Also eine Kleinigkeit, die Identitäten herauszufinden. Wenn man weiß, wie.“

Eine Anspielung auf Telemann, der googlemäßig eher mäßig war.

Löckchen schob die letzte Handvoll Chips in den Mund und ließ es krachen. Ausrufezeichen!

Besprechung beendet, raus aus dem Stinkekäs-Büro.

Der Kommissar wollte seinen Ruf als Google-Niete endlich entkräften, schmiss den Rechner an und wurde tatsächlich fündig. Er fand die Ex-

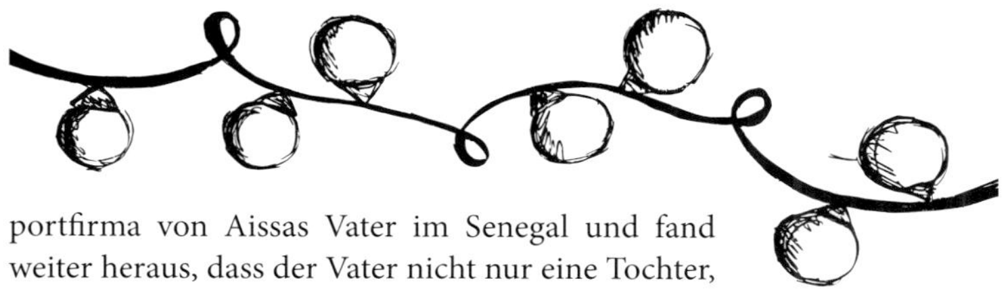

portfirma von Aissas Vater im Senegal und fand weiter heraus, dass der Vater nicht nur eine Tochter, sondern auch einen Sohn namens David hatte. Der junge dunkelhäutige Mann vor dem Kirchenportal? Auf der Website der Firma entdeckte Telemann ein Foto von Aissas Bruder und druckte es aus. Er schickte eine Streife kreuz und quer durch das winterliche Ulm mit dem Auftrag, die Kirchenbesucher zu befragen, ob sie den jungen Mann wiedererkannten.

Die Antwort war ein mehrfaches Ja.

Und noch ein Triumph! Telemanns Ex rief an und schluchzte, von Elend durchdrungen, durch das Telefon. Der Parfümladenbesitzer war verduftet. Nichts mehr mit „La vie est belle" von Lancôme, „das Leben ist schön". Das war schon eher „Der Teufel trägt Prada". Der Kommissar genoss den holden Duft der Genugtuung und legte mit herzloser Zufriedenheit einfach auf. Man muss es ihnen einfach zeigen, den Frauen!

Dann kam er zurück auf die Senegal-Connection. Falls David seine Schwester gerächt hatte, war er bestimmt längst über alle Berge, besser gesagt über alle Grenzen. In Deutschland gewesen war er wohl, denn er hatte ein Visum beantragt. Das war amtlich. Aber es gab keinerlei Hinweise auf ihn als Täter. Gut, er war am Kirchenportal herumgeschlichen, aber deswegen war er noch lange kein Mörder. Eine Spur, so kalt wie die Schneeflocken, die draußen gerade fielen.

Auch Löckchen hatte nichts vorzuweisen. Die Musikerinnen aus dem Notebook waren zur Tatzeit überall gewesen, nur nicht in Ulm. Oder um Ulm oder um Ulm herum.

Das Dream-Team war von Ahnungslosigkeit umzingelt.

Estella stand auf dem Fußgängersteg unterhalb der Adenauerbrücke. Sie hatte sich im Andenken an Aissa mit einem billigen Fusel aus dem Discounter betrunken. Sie hatte sich die Rache an dem hundsmiserablen zur Heide einfacher vorgestellt. Sie hatte gedacht, dass Erleichterung folgen würde. Aber es waren Albträume gefolgt, schlaflose Nächte, eine brutale Seelenmarter. Ein Mord lässt sich nicht mit einem Paukenschlag aus dem Gewissen verjagen.

Estella erinnerte sich ein letztes Mal an Aissa, an den verfluchten Richard, und stieg auf das Geländer. Dann schloss sie die Augen und ließ sich in die nachtschwarze Donau fallen.

Die Paukistin hatte in einem kleinen Appartement für sich alleine gelebt. Die Nachbarn wussten nicht viel. Männerbesuche habe es wohl gegeben, aber niemand konnte Genaues berichten. Die neugierige Witwe, die den ganzen Tag alles im Haus penibel beobachtet, wohnt leider meist anderswo und nicht dort, wo die Kripo sie gerade braucht.

Dafür fand Löckchen auf dem Küchentisch einen Abschiedsbrief. Einen Abschiedsbrief, wie er authentischer nicht sein kann. Handgeschrieben auf einer Partitur-Seite von Mozarts *Don Giovanni*. Diese Oper hat einen Untertitel, den kaum jemand kennt: *Der bestrafte Wüstling*.

Estella hatte ihre Botschaft mit einem feuerroten Filzstift quer über die Notenzeilen geschrieben.

Er war es nicht wert zu leben, denn er hat das Leben anderer zerstört. Deshalb habe ich ihn verurteilt und damit Schuld auf mich geladen. Mit dieser Schuld bin ich nicht mehr der Mensch, der ich sein will. Ich habe mitgemacht, und jetzt mache ich Schluss.

„Ich habe mitgemacht, das heißt, es waren mehrere an dem Mord beteiligt, mindestens zwei." Kommissar Telemann überlegte laut, und Löckchen konterte ebenso laut: „So weit war ich auch schon."

Sie hatte eine Familienpackung Paprika-Chips aufgerissen und gab ihrem Chef großzügig davon ab. Der hatte nämlich seinen sauren Käs daheim vergessen, was eine Belohnung wert war.

„Moment!", Telemann hatte gerade an seine Ex gedacht. „Wenn es doch die Ehefrau war? Wenn das alles gelogen ist mit dem Tausch: Kreditkarte gegen Zuneigung? Wenn sie eifersüchtig war auf die jungen Mädels an seiner Seite und in seinem Bett?"

Löckchen war gnadenlos: „Prima Idee, lassen wir weg. Die Frau lag zu Hause im beschaulichen Offenbach auf der Nase, zusammen mit einer gar nicht beschaulichen Magenverstimmung. Die Nummer 47 beim Chinesen war wohl schuld daran gewesen. Der Hausarzt hat sie an dem Tag besucht und mir das auch bestätigt."

Mehr Frust ging nicht. Telemann überwand sich und machte einen Vorschlag: „Wir haken den Fall bis auf Weiteres als ungelöst ab und begießen das auf dem Weihnachtsmarkt mit einem Glühwein. Einverstanden?"

Loretta Gottschalk war, vom Misserfolg entnervt, weichherzig geworden: „Warum nicht? Solange es dort keinen Stinkekäs gibt …“

Dakar ist die Hauptstadt des Senegal und liegt an der westlichen Spitze Afrikas direkt am Atlantik. Zur Weihnachtszeit hat es dort gerne mal 25 Grad. Natürlich saßen sie draußen und genossen die Abendluft. Die strahlend weiße Villa mit Meerblick war beeindruckend, die Exportfirma florierte. David und sein Vater Abdou Mbaye konnten mit Aissas Tod jetzt besser umgehen, seit er gesühnt worden war.

Die Köchin räumte die Teller ab. Es hatte *Firire* gegeben, Barsch mit Zwiebelsauce und weißem Reis. Friederike hatte es geschmeckt, auch wenn die Zwiebelsoße mit Knoblauch und Chilis ziemlich feurig gewesen war.

Sie sah David an. Er wusste immer noch nicht, was wirklich geschehen war. Er war nur der Lockvogel gewesen, die falsche Fährte. Sie hatte ihn kennengelernt, als er seine Schwester in Deutschland besuchte. Als alles noch gut war. Später dann, nach Aissas Selbstmord, hatte er Friederike mit verzweifelten Mails überschüttet. Die Geschwister waren ein Herz und eine Seele gewesen, hatten sich gegenseitig behütet, nachdem ihre Mutter vor 15 Jahren mit dem Auto von der Küstenstraße abgekommen war.

David war nicht der einzige Ahnungslose am Tisch. Auch der verwitwete Vater wusste nicht, wie die Rache an seiner Tochter zustande gekommen war.

Sie nahmen jeder noch ein Glas vom süßen Palmwein und zogen sich dann zurück.

„Hast Du schon einmal mit einer Mörderin geschlafen?“, fragte Friederike. „Noch nie“, antwortete Abdou und wirkte wenig überrascht, „du warst es also. Du bist eine gute Frau, ich bin dir unendlich dankbar. Erzähl mir alles.“

„Gerne“, lächelte Friederike, „aber erst will ich dich spüren.“

Sie nahmen sich in die Arme und versanken in einen tiefen Rausch aus Liebe und Leidenschaft.

Später, als die Erregung einem stillen Frieden gewichen war, begann Friederike zur Heide mit ihrer Schilderung.

„In unseren ersten Jahren habe ich Richard über alles geliebt. Ich habe ihn vergöttert. Er war der große Künstler, ich war seine Muse. Mit der

Zeit habe ich allerdings gespürt, dass er mir nicht allein gehörte. Aus purem Zufall entdeckte ich dann in seinem Notebook die Fotos der jungen Frauen. Anfangs wollte ich ihn dafür hassen, entschied mich aber für Gleichgültigkeit. Das war feinsinniger und auch befriedigender als blinde Rache. Den Respekt vor dem Musikgenie und meine Faszination verwandelte ich in Egoismus. Ich blieb in unserem Haus wohnen, schuf mir einen Bereich, der nur mir gehörte, beanspruchte eine Kreditkarte ohne Limit. Richard konnte dafür unbeschwert allein verreisen, und er machte reichlich Gebrauch davon.

Mehr und mehr begann ich, über die jungen Musikerinnen nachzudenken. Mir war klar, wie er es anstellte, sie ins Bett zu kriegen. Karriere gegen Sex. Mir war ebenfalls klar, dass die große Laufbahn und der Ruhm leere Versprechungen waren. Ich rief einfach eines der Mädel an, es war zufälligerweise deine Tochter. Ich habe auf sie eingeredet, aber Aissa war nicht zu überzeugen. Sie hat ihm jedes verlogene Wort geglaubt. Jetzt begann ich doch, ihn zu hassen. Nicht meinetwegen, sondern wegen der jungen Frauen, die er nach Strich und Faden ausnutzte.

Als beim Bestatter dann die Verabschiedung von Aissa begangen wurde, war Richard natürlich anwesend und spielte den trauernden väterlichen Freund. Ich wartete so lange draußen und traf mich dann mit David, der gekommen war, um die Überführung des Leichnams hierher nach Dakar zu begleiten. Ich habe ihn überredet, zur Aufführung des Oratoriums wieder nach Deutschland zu kommen, sich auffällig zu benehmen und damit eine falsche Spur zu legen.

Am großen Tag bin ich in meinen Smart gestiegen und nach Ulm gefahren. Ich war schon Stunden vorher auf der Orgelempore und legte mich auf die Lauer. Estella hatte alles perfekt vorbereitet. Sie hatte im Darknet die Pistole besorgt und auf der Empore für mich versteckt. Sie hatte auch dafür gesorgt, dass die Tür zur Empore nicht verschlossen war. Das Bach-Oratorium kenne ich praktisch auswendig, also kam der Schuss genau zur rechten Zeit und ging im Schlag der Pauke unter. Das Zielen habe ich als Jugendliche im Schützenverein gelernt. So bin ich jetzt eine Killerin. Eine erfolgreiche und sehr zufriedene Killerin."

„Aber was ist mit deinem Alibi?", hakte Abdou nach.

Friederike räkelte sich wohlig.

„Wohl dem, der einen pflichtbewussten Hausarzt hat. Einen Hausarzt, der gerne an den erotischen Abenteuern meines Mannes teilhatte, wie mir die Computerbilder verrieten. Aus Rücksicht auf die ehrenwerte Gattin hat er mir widerwilligst Hilfestellung geleistet. Ich hatte ja die Fotos. Es war pure Erpressung, und sie hat sich gelohnt. Bist du jetzt zufrieden?"

„Mehr als zufrieden. Ich bin glücklich. Seit vielen Jahren endlich wieder glücklich. Bleibst du bei mir?"

„Ich bleibe. Wenn du willst, für immer."

Abdou strich Friederike zärtlich übers Haar: „Ich will!"

Dann schliefen sie ein, eng umschlungen.

Der Ulmer Weihnachtsmarkt findet auf dem Münsterplatz statt, wo sonst? Die mächtige Kathedrale ist umringt von dutzenden lichtergeschmückten Ständen, die im zarten Schneetreiben aussehen, als kämen sie direkt aus dem Märchenland.

Die frühe Dunkelheit des Adventstages machte die glitzernde Idylle perfekt. Löckchen und Telemann hatten sich auf den Waffelstand geeinigt. Erstens war der voll bio, zweitens gab es keinen Stinkekäs, drittens einen Winzer-Glühwein aus schwäbischen Trauben, und viertens Waffle, also Waffeln, zum Niederknien.

Die Kommissarin hatte ihre Löckchen unter einer Pudelmütze mit Bommel versteckt und genoss eine süße Waffel-Variante mit Ulmer Festungshonig und Johannisbeeren. Telemann war eher deftig unterwegs mit Spiegelei und Speck.

Die Atmosphäre, die leckeren Köstlichkeiten ließen sie den ganzen Mist, all die erfolglosen Ermittlungen vergessen. Der Wettbewerb zwischen den Kollegen war ausgesetzt, die beiden hoben ihre Glühweinbecher. Anstatt den anderen eifersüchtig zu beobachten, lächelten sie einander zu.

„Eigentlich ist er gar nicht so übel", überlegte Loretta.

„Sie hat wunderschöne Augen", dachte Telemann.

Drei Hirten und ein Todesfall

Es waren Hirten in derselben Gegend auf dem Felde, die hüteten des Nachts ihre Herde. Und siehe, eine Gestalt trat auf sie zu, und sie fürchteten sich sehr. Die Gestalt sprach zu ihnen: „Fürchtet Euch nicht! Sehet, ich verkünde Euch eine große Freude. Ich komme von der BILD-Zeitung und gebe Euch drei Scheine, wenn Ihr mich zu diesem Stall von Bethlehem führt." Da sprachen die Hirten zueinander: „Okay, lasset uns losgehen zum Stall und die drei Scheine verdienen. Ist ein willkommenes Zubrot!" Und der Reporter kam mit ihnen.

So begann das Krippenspiel, das Fatima sich ausgedacht hatte. Ein Krippenspiel mit Todesfolge, wie sich herausstellen sollte. An Weihnachten wird eben nicht nur geboren, sondern auch gestorben. Die Theatergruppe der Eberhard-Karls-Universität zu Tübingen war schon hingebungsvoll bei den Proben. Die Tübinger Uni ist eine der ältesten Hochschulen Deutschlands, gegründet im Jahr 1477. Über die Jahrhunderte immer weiter gewachsen, jetzt ein Trumm mit 28.000 Studenten. Au weh, ein schwerer Fehler! Ich müsste eigentlich schreiben „mit 28.000 Studierenden". Aber das mache ich nicht, weil es Blödsinn ist. Studenten studieren ja nicht nur an der Uni, sie essen auch in der Mensa Spaghetti, demonstrieren gegen irgendwas oder daddeln auf dem Handy. Ein Klavierlehrer ist ja auch nicht immer ein Lehrender. Wenn er beispielsweise den Müll rausträgt, dann ist er ein Tragender.

Fatima, geboren im Iran, angehende Medizinerin im 6. Semester, war zurzeit eine Darstellende. Sie stellte den Erzengel Gabriel dar, der in der himmlischen Hierarchie für Verkündigungen aller Art an die Gläubigen auf Erden zuständig ist. Im Manager-Englisch von heute also der CCO, der Chief Communications Officer. Von seinem Boss mit bestem Hintergrundwissen ausgestattet, auch wenn es um Beziehungen geht. So weiß er über Schwangerschaften bereits Bescheid, wenn die werdende Mutter noch gar keine Ahnung hat.

Übrigens: Das mit der geflügelten Fatima ist auch wieder so eine kreuzüble Angelegenheit. Eine Frau dürfte eigentlich keinen Engel spielen, denn Engel sind männlichen Geschlechts. Wäre es anders, hieße Gabriel ja Gabriele.

Kennen Sie eigentlich Tübingen? Nein? Sollten Sie aber. Ist nämlich eine Perle. Eine Stadt, wie sie deutscher und schwäbischer gar nicht sein kann.

Mittendrin fließt total romantisch der Neckar, auf dem Touristen aus Japan, Texas oder den Vereinigten Arabischen Emiraten in traditionellen Stocherkähnen herumgefahren werden. Früher von den Fischern genutzt, sind diese Boote heute die Gondeln Tübingens. Der zugehörige Bootsführer singt allerdings nicht und heißt auch nicht venezianisch-melodisch Gondoliere, sondern schwäbisch-praktisch Stocherer. Weil er das Boot mit einem acht Meter langen Stecken antreibt, den er in den Grund des Flusses rammt.

Nach der Tour übers Wasser werden die Besucher per pedes durch die Altstadt gescheucht. Die ist so was von geschichtsträchtig, dass die Fremdenführer kaum die Kurve kriegen vor Stolz. Pures Mittelalter, enge Gassen, Fachwerk an jeder Ecke und an jeder zweiten ein Wirtshaus voller Maultaschen und Krautschupfnudeln. Auf den Speisekarten für den texanischen Besucher elegant übersetzt in *Swabian Ravioli* und *Swabian roasted noodles*.

Selbstverständlich muss der Besucher auch die uralten Mühlenräder am Ammerkanal bestaunen und als Höhepunkt das bunt bemalte Rathaus mit der Figur der Bacchantin, die trunken vom Tübinger Spätburgunder ihre Kleider hinter sich wirft. In Tübingen picheln eben nicht nur die Männer. Prösterle! Die Stadt hat aber nicht nur eine weinselige Trinkerin hervorgebracht, sondern eher unfreiwillig auch den Herrn Reinhold Richter. Einen aufrechten Bürger, an der Uni als Hausmeister tätig und außerdem Mitglied im Heimatverein „Stolzes Tübingen“.

Der *Scharfrichter*, wie er sich gerne nannte, war immer auf der Suche nach verdächtigen ausländischen Subjekten, die das Deutschtum sowie die Christenheit ideologisch oder sonst wie unterwanderten. Jetzt hatte er auf den Werbeplakaten für das Krippenspiel diese Autorin namens Fatima Hayali entdeckt. Und eine Beschreibung ihres Machwerks: „Bethlehem 2024. Eine amüsante und respektlose Adaption der Weihnachtsgeschichte“. Respektlos, das war typisch! Und unfassbar an einer Universität, die immerhin einen Dichter und Denker wie Ludwig Uhland hervorgebracht hatte. *Des Sängers Fluch*, wer hat es nicht gelesen, weil er musste? Jetzt war Uhland außen vor, denn *Des Hausmeisters Fluch* war an der Reihe.

Aber erst einmal musste der Scharfrichter sich kundig machen. Also beschloss er, beruflich den Festsaal der Aula aufsuchen zu müssen, wo die Gruppe das Stück einübte.

Im grauen Kittel und ausgerüstet mit einem Ölkännchen machte er sich ans Werk, fettete unauffällig emsig die Türscharniere ein. Glücklicherweise hat die Aula unzählige Portale wie ein Theatersaal. Als der Scharfrichter seiner schmierigen Tätigkeit nachging, entging seinen Augen und Ohren nicht das geringste Detail. Was er sah und hörte, ließ ihm den vaterländischen Atem stocken.

Eine Frau, als Engel verkleidet, sprach einleitende Worte. *Prolog* geheißen, was Reinhold Richter wusste, weil er zwar nur Hausmeister war, aber an einer Universität. Das macht schon einen Unterschied.

Unter uns gesagt, war das Stück natürlich etwas gewagt, doch mit einem Augenzwinkern. Drastisch ausgedrückt war es sogar saukomisch. Christi Geburt ist schließlich ein Fest der Freude, da darf es auch mal lustig zugehen. Die fantasiebegabte Fatima hatte einfach die Idee gehabt, in der Weihnachtsgeschichte unsre verrückte Auffassung vom wahren Leben zu spiegeln. Die neue Wirklichkeit, das Zappeln in den Synapsen des Internets, wo Nichtigkeiten zu Sensationen hochstilisiert werden, wo verfälschte Bilder und Fake News als Nachricht daherkommen, wo die Behauptung zählt und nicht die Tatsache. Wo eine künstliche Intelligenz überhandnimmt, die unfassbar dämlich sein kann. Eine Welt, in der es schon reicht, den falschen Namen zu tragen, um in Verdacht zu geraten.

Fatima reichte. Wenigstens für Reinhold, den Scharfrichter. Der gespannt war, was nach dem Prolog passieren würde.

Das Bühnenlicht ging flammend an und gab den Blick frei auf eine abstruse Szenerie. Alles, was zur Weihnachtsgeschichte gehört, war da. Der Stall, der Ochs, der Esel, Maria und Josef, die Krippe mit dem Kind.

Das Kind eine Puppe, Maria und Josef in echt, Ochs und Esel mit Knopf im Ohr, lebensgroße Leihgaben der schwäbischen Plüschtierwerkstatt Steiff. Der Stern über allem war mit bunten Lichtern bestückt und blinkte hektisch-festlich. Dazu sang Mariah Carey aus einem Lautsprecher „All I Want for Christmas Is You". An der Seite stand ein Reportage-Wagen von RTL, eindimensional nachgebaut aus Sperrholz, mit Satellitenschüssel auf dem Dach.

Fotografen belagerten die Heilige Familie, das Blitzlichtgewitter nahm kein Ende, alle schrien durcheinander: „He, Josef, halt den Buben mal hoch!" „Bissle mehr nach links – und läääächeln!" „Maria, guck nicht so jungfräulich!"

Der Erzengel Gabriel versuchte, die Meute zur Räson zu bringen, scheiterte aber am Argument, das seien alles Personen der Zeitgeschichte, man habe schließlich eine journalistische Pflicht zur Berichterstattung, und er solle gefälligst die Klappe halten.

Mitten in das Tohuwabohu verkündete der Regisseur: „Schluss für heute, da war schon viel Schönes dran! Danke, Leute, bis nächsten Dienstag, same time, same place, tschüssle!"

Der Stern hörte auf zu blinken, die Bühnenbeleuchtung ging aus, Reinhold Richter war entsetzt. Fatima, er hatte es gewusst! Beschmutzt das Christfest! Da würde er reinfahren mit patriotischer Gründlichkeit! Was er nicht wusste, Fatima war Christin, denn die gibt es auch im Morgenland, heute Naher Osten genannt.

Zufällig war am selben Abend eine Versammlung des Heimatvereins „Stolzes Tübingen" angesetzt. Dort gab der Scharfrichter eine Schilderung der unerhörten Ereignisse. Seine Empörung wurde einstimmig geteilt. „Rettet die deutsche Weihnacht!", wurde zur Parole des Abends. Schriftführer Schürrle hatte schon zwei Schoppen intus, als er den Slogan erfand, aber der Spruch saß. Wobei, genau besehen, Weihnachten gar keine deutsche Angelegenheit ist, sondern eine vorderasiatische. Doch der gerechte Zorn sieht das nicht so eng. Die Formulierung wurde einstimmig gebilligt als Aufhänger für eine stadtweite Plakat-Kampagne. Der Verein hatte in seinen Reihen auch den Inhaber einer Druckerei, was es leichter machte, Missfallen kundzutun.

Reinhold Richter war zufrieden und gönnte sich auch einen Schoppen.

Die Szene mit den Heiligen Drei Königen hatte immer noch Optimierungsbedarf. Kein Wunder, die Darsteller kamen von der philosophischen Fakultät, vom Showbusiness keine Ahnung. Zudem mussten sie am Anfang die drei Hirten spielen, dann Kostümwechsel und Rollenwechsel. Da kann der Philosoph schon ins Grübeln kommen. Der Regisseur nahm sich die Herrschaften persönlich vor.

„Also, ihr seid die Heiligen Drei Könige aus dem Abendland. Bitte jetzt keine Diskussionen! Ihr seid aus dem Abendland, weil das ein Gag ist und weil ihr eigentlich Influencer seid, sprich Könige des Konsums. Das ist eine Metapher. Der BILD-Reporter stellt euch die erste Frage: ‚Wie haben Sie von dem Event erfahren?'"

Endlich klappte es. Metapher, die Philosophen hatten begriffen. Balthasar war als Erster dran und antwortete brav, wie es im Buche stand: „Wir haben von dem Hype in *Stern TV* erfahren, und so sind wir dem Stern gefolgt, um Selfies mit dem neuen Superkid zu machen. Das gibt bestimmt Likes ohne Ende!"

Der Regisseur spielte weiter den Zeitungsreporter: „Sie haben Geschenke im Gepäck, hört man. Auch Gold, Weihrauch und Myrrhe – wie damals ihre Kollegen?"

„Das wäre ja voll Old School", entrüstete sich Melchior souverän, „dieser Jesus Megastar kriegt natürlich nur das Aktuellste aus unserem Web-Angebot. Alles angesagte Lifestyle-Produkte. Ich habe einen Topseller mitgebracht, das XXL-Family-Jahresabonnement Goldbären aus meinem Karies-ist-cool-Shop."

Balthasar nahm den Faden begeistert auf: „Ich verschenke statt Weihrauch meinen Bestseller, *Man's Best*, den Hammer-Duft von Bruno Banani. Motto: Wenn du schon Banani aussiehst, dann dufte wenigstens wie Bruno!"

Jetzt war Caspar an der Reihe: „Damit die Gottesfamilie statt Myrrhe etwas Anständiges zum Räuchern hat, gibt es von mir zehn Jungpflanzen aus eigenem Anbau mit Dröhn-Garantie von Caspars Cannabis24.de."

Sie hatten es bühnenreif geschafft. „Geht doch", lobte der Regisseur zufrieden, übrigens ein Student der furztrockenen Rechtswissenschaften, man glaubt es kaum. „Also dann bis übermorgen bei der Premiere. Adele!"

Kommissarin Lieberknecht trug Jeans und unter dem Blazer ein Jesus-T-Shirt mit der Aufschrift „I'll be back".

Im Vorraum der Aula war ein Getränkestand aufgebaut. Es gab natürlich auch Wasser, aber die Besucher bevorzugten zumeist die landestypischen Spezialitäten wie Riesling, Trollinger oder Sekt der Marke *Schloss Hohentübingen*. Der Riesling war äußerst lecker, stellte Ella Lieberknecht fest, als sie ein Glas mit ihrem Mann teilte, um ein wenig vorzuglühen für das Krippenspiel, auf das sie schon mächtig gespannt war. Das Geplänkel mit dem Heimatverein im Vorfeld war ja wie ein Wintersturm durch die Presse gejagt und hatte für Neugier gesorgt, was denn da zu erwarten sei.

Der Gong mahnte dazu, die Plätze einzunehmen. Die Aula mit den aufsteigenden Sitzreihen füllte sich. Die Kommissarin hakte sich bei ihrem Mann unter und beschloss, den Abend richtig auszukosten. Ganz entspannt in den Sitz fallen, sich unterhalten lassen, nicht an den Job denken. Das nahm sie sich fest vor, aber das Schicksal hat immer seine Gründe.

Noch ein paar weitere mahnende Gongschläge, dann wurden die Türen geschlossen. Die Zuschauer setzten sich, der Geräuschpegel nahm ab. Er erstarb, als der Rektor höchstpersönlich auf die Bühne kam und das Publikum begrüßte. Er sagte das, was Rektoren, Direktoren oder andere Honoratioren zu Beginn immer sagen. Weil es einfach sein muss, dass zu Beginn einer etwas sagt. Eine sinnvolle Tradition, damit sich die Leute freuen, wenn er fertig ist und es endlich losgeht.

Ella Lieberknecht genoss das schräge Spektakel, das gegen Ende immer verrückter wurde. Vor dem RTL-Auto stand eine täuschend ähnliche Frauke Ludowig und verkündete, dass IKEA beabsichtige, die Lizenz zum Nachbau der Krippe zu erwerben. Und nach der Werbung erwarte man den beliebten Lederhosen-Volksrocker Andreas Gabalier mit seinem neuesten Song *I sing a Liad fürs Kinderl im Winderl*.

Auf der anderen Bühnenseite war gerade das Erste mit *Brisant* zugange. Dort erklärte der Pressesprecher von Madonnas Plattenfirma, dass „unser Topstar keinesfalls die Absicht habe, den Künstlernamen mit einer völlig unbekannten Palästinenserin zu teilen." Die Anwälte seien bereits eingeschaltet. Im Anschluss verwies Moderatorin Kamilla Senjo, beziehungsweise ihr Double, auf die abendliche Talkshow von Sandra Maischberger hin, die zu den Bethlehemer Ereignissen kompetente Gesprächspartner begrüßen werde. Den Münchner Kardinal Marx, die Pfarrerstochter Angela Merkel und den Heiligen Geist. Der werde per Video zugeschaltet.

In diesem Moment sprang Maria auf und schrie, so laut sie konnte: „Schluss jetzt! Ihr habt sie doch nicht mehr alle!"

Dann raffte sie den Jesusknaben aus der Wiege, drückte ihn fest an sich und sagte zu ihrem Josef: „Komm, wir machen die Fliege und suchen in einem sicheren Drittland Asyl!"

Ohrenbetäubender Applaus setzte ein, die Leute standen auf und fast kopf. Sie klatschten sich die Finger wund. Ein völlig abgedrehtes, aber trotzdem gutes Ende. Fatima Hayalis Idee hatte gezündet. Mal was anderes. Wurde aber auch Zeit, Herrgottsle!

Doch was war das? Plötzlich erschien aus dem Bühnenhintergrund ein Mann im grauen Arbeitskittel und hielt ein Plakat hoch: *Rettet die deutsche Weihnacht!*

Dann schwankte das Plakat, der Mann fing an zu taumeln, drehte sich einmal um sich selbst und knallte in den RTL-Übertragungswagen aus Sperrholz, der samt Antennenschüssel splitternd zu Boden krachte.

Allgemeines Entsetzen, ratlose Blicke, fragendes Gemurmel. Die Zuschauer standen auf, um mehr Informationen zu erhaschen. Vergebens. Um den Mann auf dem Bühnenboden scharten sich die Darsteller, wollten helfen, wussten aber nicht, wie. Schließlich erholte sich das Publikum vom ersten Schock. Die Leute begannen, das Geschehene zu verarbeiten, sie zückten ihre Smartphones.

Ein praktischer Arzt, der sich unter den Zuschauern befand, eilte zur Bühne und kümmerte sich um den Zusammengebrochenen. Ella Lieberknecht war ebenfalls nach vorne gerannt. Die 110 hatte sie schon alarmiert, Notarzt und Sanitäter waren unterwegs.

„Ich bin Polizeibeamtin", erklärte sie dem Publikum, „und habe alles Nötige schon in die Wege geleitet. Bitte behalten Sie Ruhe. Falls Sie etwas Außergewöhnliches beobachtet haben, melden Sie sich bei mir. Falls nicht, dürfen Sie die Aula gerne verlassen. Schade, dass dieser fröhliche Abend so geendet hat!"

Der Arzt hatte nicht mehr helfen können. Der Mann mit dem Plakat war tot und roch nach Alkohol. Als der Notarzt eingetroffen war und die Leiche begutachtet hatte, besprachen sich die Kollegen. Sie kamen zu dem Schluss, dass sie ein natürliches Ableben nicht bestätigen konnten. Das bedeutete: „Todesursache ungeklärt", was wiederum hieß: „Sicherstellung der Leiche". Die Amtssprache ist gnadenlos sachlich. Also organisierte Ella Lieberknecht die Überführung des Toten in die Rechtsmedizin.

Sein Name war Reinhold Richter, die studentischen Darsteller kannten ihn. Er war der Hausmeister hier, ein unangenehmer Kerl, spionierte herum, verfolgte jede Ordnungswidrigkeit oder was er dafür hielt. Die schwäbische Kehrwoche in Person. Die philosophischen Heiligen Drei Könige hatten mitbekommen, wie er sich vor der Aufführung etliche Gläser Trollinger reingekippt hatte. Er hatte sich wohl Mut machen müssen für seine Protestaktion.

Mehr kam nicht heraus bei der Befragung des Ensembles und der dienstbaren Geister, vom Inspizienten über den Beleuchter bis zur Kostümbildnerin. Okay, es war ja auch noch gar kein Fall für die Polizei, vielleicht hatte der Herrgott den Typen auch ganz einfach sattgehabt. Herzinsuffizienz auf himmlische Anweisung, Ende.

Ella Lieberknecht hatte inzwischen telefonisch den Personenstand abgefragt und erfahren, dass es eine Ehefrau gab. Sie sammelte ihren Mann ein: „Holger, bitte fahr mich in die Arnikastraße 11. Ich muss die Frau des Toten informieren und bin ein bisschen angeschlagen.“ Sie verkroch sich im Beifahrersitz. Eine Todesnachricht überbringen zu müssen, ist gottverdammte Scheiße. Auch wenn man ein Jesus-T-Shirt trägt.

Doch die Fahrt war umsonst, die Rollläden des Reihenhäuschens waren heruntergelassen, niemand öffnete. Nicht wirklich verwunderlich, es war 23 Uhr.

Fatima hatte das nicht gewollt. Natürlich war es nicht schön gewesen, dass ihr Stück auf Plakaten an den Pranger gestellt wurde. Aber es hatte auch sein Gutes, es war Werbung. „Any promotion is good promotion“, sagt man dazu in den USA. Aber dass jemand dafür den Tod fand, das hatte sie nie gewollt.

Im Institut für Rechtsmedizin ging die Forensikerin nach der üblichen Routine vor, und zwar in unschwäbisch flottem Tempo. Kunststück: Seit 20 Jahren pflasterten Leichen ihren Weg, da geht so eine Untersuchung wie das Brezelbacken. Sie hieß übrigens Trude, die Medizinerin. Eine äußerliche Begutachtung des Toten ergab keine Spuren von Gewalteinwirkung, keine körperlichen Auffälligkeiten. Nur die Hämatome vom Sturz. Also beantragte Trude bei der Staatsanwaltschaft die Obduktion. Einfach von alleine aufschneiden, das durfte sie nicht. Wo kommen wir denn hin, wenn ein Arzt, der jahrelang studiert hat, von selbst entscheiden kann, was nötig ist? Nicht der Mensch entscheidet, sondern der Behördenmensch.

Die amtlich genehmigte innere Leichenschau war dann höchst aufschlussreich. Der tote Scharfrichter hatte offensichtlich gerne dem heimischen Rebensaft zugesprochen, seine Leber gab Zeugnis davon. Auch der aktuelle Blutalkoholgehalt war erklecklich. Gut, damit kann einer ins Schwanken kommen, aber er fällt nicht gleich tot um und ruiniert den Fuhrpark von RTL. Ausgenommen, er hat gleichzeitig Antidepressiva im Blut.

„Heißt was?", fragte Ella Lieberknecht.

Trude war gerne behilflich, wenn Kommissare medizinisch überfordert waren. „Heißt, dass es durchaus zu letalen Wechselwirkungen kommen kann. Antidepressiva und Alkohol sind unberechenbar, wenn sie aufeinandertreffen. Dieser Herr hier wäre nicht der Erste, der an so einer Mixtur verstorben ist."

„Das hilft mir jetzt nicht wirklich weiter", überlegte die Kommissarin laut. „Er hat freiwillig Wein getrunken, das haben die Könige zu Protokoll gegeben. Er könnte auch die Medikamente selbst genommen haben. Oder jemand hat sie ihm verabreicht. Wenn einer schon etwas angeschickert ist, kann man ihm leicht was ins Getränk schmuggeln."

Die Kommissarin verabschiedete sich: „Danke, Trude, der Rest ist mein Problem."

Der kleine Raum im Polizeipräsidium war brechend voll. Pressekonferenz zum spektakulären Tod des Reinhold Richter. Mit Weihnachtsbaum, so viel Stimmung muss sein. Der Sprecher der Behörde verkündete das Ergebnis der Obduktion und setzte in hölzerner Wichtigkeit hinzu: „Inwieweit es sich um eine ungewollte Verkettung misslicher Umstände gehandelt hat oder um eine gezielt herbeigeführte Tötung des Geschädigten, werden die weiteren Ermittlungen ergeben. Bitte jetzt Ihre Fragen!"

Der Vertreter des *Tübinger Boten* hob die Hand: „Sie schließen also ein Verbrechen nicht aus? Beispielsweise einen Racheakt wegen der Verunglimpfung des Stückes?"

Der Polizeisprecher blieb sich treu: „Inwieweit es sich um Rache gehandelt hat, falls es sich um Tötung gehandelt hat, das werden die weiteren Ermittlungen ergeben."

Zusammenfassung: In der Pressekonferenz war außer der Verkündung der Todesursache nichts herausgekommen. Jetzt lag es an Ella Lieberknecht, das Rätsel zu lösen.

Die war schon dran und stand zum zweiten Mal vor dem Haus Arnikastraße 11. Es war früher Vormittag. Diesmal wurde geöffnet. Ella zeigte ihren Dienstausweis: „Guten Tag! Ich bin Beamtin der Kriminalpolizei. Sind Sie Susanne Richter?“

„Nein, bin ich nicht, ich bin Regine Richter, die Schwester von Reinhold. Meine Schwägerin ist seit gestern Mittag in einer palliativen Einrichtung, sie hat Krebs im Endstadium. Ich muss mich jetzt um alles kümmern, sie kann es nicht mehr. Ich habe in der Zeitung gelesen, was passiert ist. Unfassbar!“

Ella war darauf vorbereitet, eine ahnungslose Witwe vom Tod ihres Mannes benachrichtigen zu müssen. Jetzt stand vor ihr eine resolute Verwandte mit Trockenhauben-Frisur, Hauskittel und Gummihandschuhen.

„Mein Beileid“, brachte die Kommissarin ungeschickt heraus. Dann besann sie sich und wurde dienstlich: „Ich ermittle zu den Umständen des Todes von Reinhold Richter. Einiges daran erscheint seltsam. Haben Sie hier im Haus irgendetwas gefunden, was uns weiterhelfen könnte? Oder haben Sie irgendetwas verändert?“

„Ich bin gerade erst angekommen, ich habe noch nicht viel gemacht, nur die Rollläden geöffnet und das Geschirr von gestern gespült.“

Ella Lieberknecht hatte den Eindruck, dass die Frau vom Tod ihres Bruders nicht allzu betroffen war. Also kurzer Prozess: „Ich werde das Haus jetzt amtlich versiegeln und einen Durchsuchungsbeschluss beantragen. Niemand darf es bis auf weiteres betreten. Auch Sie nicht.“

Der Kopf mit der Trockenhauben-Frisur nickte ergeben.

„Jetzt brauche ich noch Informationen: Wie kann ich Sie erreichen? In welcher Einrichtung ist Ihre Schwägerin? Wer war der Hausarzt?“

Als sie alles notiert hatte, komplimentierte Ella die Schwägerin aus dem Haus, brachte das amtliche Siegel an und fuhr zurück ins Kommissariat. Dabei kam ihr ein Verdacht. Ein Ehepaar ohne Kinder, die Frau kurz vor dem Tod, der Ehemann kurz danach. Eine Schwester bleibt übrig. Was sagt uns das?

Die Anfrage beim Nachlassgericht sagte, dass kein Testament vorlag. Untypisch für einen schwäbischen Dipfler, also einen Pedanten, aber Tatsache. Demnach erbte die Schwester als nächste Verwandte. Ein Häuschen mit Garten und bestimmt auch ein paar Mäuse auf dem Konto – allem kann man widerstehen, nur der Versuchung nicht.

Die neuen Erkenntnisse warfen eine ganze Menge Fragen auf. Wer hatte die Psychopharmaka verschrieben bekommen, die Trude im Leichnam gefunden hatte? Reinhold Richter selbst wegen der Erkrankung seiner Frau oder die Ehefrau wegen ihres nahen Todes? Oder beide? Hatte der Scharfrichter sich mit dem Wein wirklich Mut angetrunken oder wollte er sich betäuben, nachdem seine Susanne für immer aus dem Haus gebracht worden war? War Richters Ableben ein Zufall gewesen oder geplant? Geplanter Selbstmord oder Mord? Mord von weiblicher Hand, begangen durch die Ehefrau oder die Schwester? Oder von irgendeinem Unbekannten in der Aula? Aber woher sollte der von den Antidepressiva wissen? Puh, das war knifflig.

Ella machte sich an die Arbeit. Der Hausarzt gab an, dass die Antidepressiva für die Ehefrau Susanne Richter bestimmt waren. Er hatte sie ihr verordnet, sie war wegen ihres Karzinoms verzweifelt genug. Ein Anruf in der Palliativ-Einrichtung ergab, dass Susanne Richter das Medikament von zu Hause mitgebracht hatte. Kommissarin Lieberknecht ließ die Packung umgehend abholen und zur Gerichtsmedizin bringen. Dazu die Fingerabdrücke von Susanne Richter für einen Abgleich. Ein Mitarbeiter der Kriminaltechnik fuhr zur Schwägerin und besorgte deren Abdrücke. Mal sehen.

Mittags in der Kantine das übliche Angebot, allerdings verfeinert durch weihnachtliche Dekoration und einem Mini-Lebkuchen zum Espresso. Dazu der ersehnte Anruf von der Kriminaltechnik. Auf der Medikamentenpackung gab es nur die Fingerabdrücke einer einzigen Person. Es war eindeutig.

Fatima lief durch den Schneefall, durch das Lichterflimmern, durch den Zimtgeruch und die Musik, die großteils nach Plastik klang und gar nicht zu einem stimmungsvollen Weihnachtsmarkt passte. Fatima wollte den Ereignissen entkommen, aber es gelang nicht. Vor dem Rathaus leuchtete ein imposanter Weihnachtsbaum, Pärchen schlenderten durch die Budenstraßen, fröhlich, zufrieden, Hand in Hand. Sie selbst hatte gerade niemanden, an dessen Hand sie Halt finden konnte. Sie fühlte sich schuldig. Hätte das Krippenspiel nicht stattgefunden, wäre der Hausmeister gar nicht in der Aula aufgetaucht und dort gestorben. Sie wusste nicht, woran er gestorben war, aber sie war daran beteiligt gewesen. Wenn auch nur am Rande.

Kommissarin Ella Lieberknecht hielt die Hand von Susanne Richter. Sie sah in die Augen einer todkranken Frau. Aber diese Frau war nicht gebrochen. Ihr Blick war klar, die Stimme fest.

„Ich wusste, wie sehr mein Reinhold gelitten hat. Er, der immer alles unter Kontrolle haben wollte, war machtlos. Meine Krankheit war stärker. Und er war letztlich schwächer, als er vorgab. Alleine zu leben, ohne mich, das hatte er vierzig Jahre lang nicht gemusst. Jetzt würde es bald so weit sein. Ich wusste von der Wechselwirkung meiner Tabletten mit Alkohol. Ich habe den Beipackzettel immer wieder gelesen. Dann habe ich den Entschluss gefasst.

Gestern Mittag, bevor der Krankentransport kam, habe ich meinen Mann gebeten, eine letzte Flasche Wein zu bringen. Ich habe darauf bestanden, sie selbst zu öffnen. Dann habe ich ihn noch einmal in die Küche geschickt, damit er unsere Lieblingschips holt. Mit Rosmarin-Geschmack. Währenddessen habe ich die Tabletten in der Flasche aufgelöst. Wir haben getrunken und die Chips geknabbert. Wir haben uns erinnert. An unser Kennenlernen, an den ersten gemeinsamen Urlaub, an die Hochzeit, ans Häuslebauen, an hemmungslose Stunden im Bett, an Freude, an Sorgen und Streitereien. Das Zurückschauen hat gut getan. Nach vorne zu schauen, das hatte sich für uns erledigt.

Dann war die Flasche leer, und sie haben mich abgeholt.

Bei mir hat die Mixtur nicht angeschlagen, ich weiß nicht, warum. Reinhold hat am Abend wohl noch reichlich Wein nachgelegt. So ist er vorausgegangen, ich werde ihm bald folgen."

Susanne lehnte sich in ihrem Rollstuhl zurück und schloss die Augen. Ella hatte den Eindruck, dass die Frau zufrieden war mit dem, was sie erreicht hatte. Fast zufrieden. Sie musste nur noch gehen. Weg von dieser Welt zu ihrem Reinhold.

Heiligabend. Im Palliativzentrum, an diesem stillen Ort des erlöschenden Lebens, lief leise Musik. Weihnachtslieder. An einer kleinen Tanne brannten Kerzen. Der Baum stand auf dem Nachttisch. Fatima Hayali war gekommen, um da zu sein. Für eine Frau, die sie nicht kannte, aber der sie sich verbunden fühlte.

Die Patientin lag blass im Bett. Die Stunden quälten sich dahin wie ein erschöpfter Fluss. Mit einem Mal bewegte Susanne Richter ihre Augen hin zum Licht. Sie lächelte in den Kerzenschein, lächelte ein letztes Mal. Dann starb sie. Fatima Hayali strich ihr über das Haar. Gute Reise, Susanne!

Hexenjagd

1935 ist der schwäbische Saubermann Alfred Kärcher angetreten, diese Welt aus dem Dreck zu ziehen. Kehrwoche für alle! Herausgekommen ist die Firma mit den gelben Putzmaschinen, mittlerweile unangefochtener Weltmarktführer. Sogar die Christusstatue in Rio de Janeiro und die Köpfe der US-Präsidenten auf dem Mount Rushmore wurden schon gekärchert. Auch das Brandenburger Tor in Berlin. Im Französischen gibt es den Begriff „nettoyer au Karcher", was so viel heißt wie „mit dem eisernen Besen kehren".

Reinlichkeit ist dem Schwaben halt heilig, erst recht in der Fastnacht. In der Fasnet, wie der wahre Narr sich ausdrückt. Schließlich soll sie das reine Vergnügen werden. Also ist am Dreikönigstag in Rottenburg am Neckar Großputz angesagt. Die furchterregenden, schrill bemalten Masken aus Lindenholz werden hervorgeholt und blank gewienert, die Narrenkostüme so lange geschüttelt, bis sicher ist, dass auch das letzte Staubkörnchen die Flucht ergriffen hat. Erfunden hat das angeblich einst der Teufel, dem die Hexen zu Dreikönig ihre Klamotten porentief rein vorführen mussten.

Der Teufel hat bis heute überlebt, schleppt aus unerfindlichen Gründen einen Dreizack mit sich herum und begleitet die Stadthexen, wenn sie am Abend des 6. Januar die Fasnet eröffnen. Mit amma Haufa Narrabossa, will sagen mit viel Possen und Klamauk. Die chaotische bunte Truppe wird vom Zeremonienmeister ausgesandt, um *abzustauben*. Was bedeutet, dass die Hexenweiber und der Teufelskerl durch die Gassen und Wirtshäuser toben und alles kärchern, was ihnen in den Weg kommt. Sogar die fröhlichen Zecher in den Lokalen werden mit einem Feudel gesäubert.

Wie auch in der Latino-Bar, wo ein Flamenco-Abend angesagt war. Mit Isabelita y José. Er spielte die Gitarre, sie tanzte wie eine Göttin. Ihre Zapateados, also die Parts mit dem Stakkato der Stöckelschuhsohlen, waren lustvoll aggressiv, die langsamen Tanzteile pure Verführung.

Der Reinigungsritus der Stadthexen störte nur kurz. Denn der andalusische Flamenco ist über 200 Jahre alt, aber Staub angesetzt hat er bislang kein Körnchen. Da gab es also nicht viel zu feudeln.

Am Ende badeten Isabelita y José im Applaus, nahmen an der Bar noch einen Anís malagueño, den legendären Anislikör aus Malaga, und machten sich auf den Heimweg. Zu Fuß. Die Spanier waren nämlich Rottenburger.

Deshalb wussten sie auch, dass die Stadthexen allesamt Männer sind. Wer in Rottenburg eine Hexe werden will, muss mindestens 18 Lenze auf dem Buckel haben und eine zweijährige Probezeit bestehen. Ist der Kerl dann in die Hexenzunft aufgenommen, versteckt er sein Männergesicht hinter einer Maske aus Lindenholz mit Naturhaaren und trägt ein verteufelt schickes Kostüm. Eine weiße Spitzenunterhose, farbig gestrickte Strümpfe, Strohschuhe, Rock, Schürze, Bluse und Halstuch.

Genau eine solche Hexe lag plötzlich vor Isabelita y José, mitten auf einem Uferweg am Neckar. Bewegungslos.

José kniete neben dem Körper nieder, zog ihm die Maske vom Gesicht und suchte an der Halsschlagader nach dem Puls. Nichts. Die Tänzerin wühlte in ihrem Schminkkoffer, fand endlich das Smartphone und rief die 110.

Eine Warterei im winterlichen Rottenburg bei Nacht kann kalt sein. Erst recht, wenn man nur ein Flamenco-Kleid trägt und einen Mantel drüber. Da hält auch ein Anislikör nicht lange vor. Aber die Streife war gnädig, sie hatte sich beeilt.

„Die Frau Isa!" Der Beamte und seine Partnerin waren überrascht. „Wie war der Auftritt?"

„Danke der Nachfrage. Wir haben ganz schön abgeräumt. Aber jetzt geht es um diese männliche Hexe, die wurde auch abgeräumt."

Die Beamtin aus dem Streifenteam hatte bereits die Kriminaltechnik organisiert, die Maschinerie lief an wie geschmiert.

„Mir ist kalt", verkündete Isabelita, „ich muss nach Hause. Morgen schreibe ich meinen Bericht. Adiós, colegas!"

Eigentlich heißt man nicht Goldgräber, wenn man spanisches Blut hat. Isabelita allerdings stammte von einer spanischen Mutter ab, die einen deutschen Tanzlehrer namens Goldgräber geheiratet hatte. Die Tochter hatte das Tanzfaible geerbt, übte es aber nur als Hobby aus. José, ihr Lebensgefährte, war Kinderarzt. Isabelita selbst arbeitete beim Kriminalkommissariat Reutlingen, das auch für Rottenburg zuständig ist.

Damit ist personell alles klar, denke ich.

Nein, natürlich nicht! Es fehlt ja noch das Opfer!

Die tote Hexe stellte sich als Felix Eisenhut heraus, Eigentümer der Neckar-Apotheke in der Altstadt. Ebenso bekannt als kritischer Geist, weshalb er von betroffenen Kreisen als Querulant, Revoluzzer, Stinkstiefel oder Fortschrittsbremse bezeichnet wurde. Zurzeit betroffen waren Investoren, die auf Ackerflächen am Stadtrand einen Grusel-Vergnügungspark errichten wollten, das *Rottenburger Hexenland.*

Apotheker Eisenhut hatte, wie andere Bürger auch, keine Lust, dass die beschauliche kleine Stadt von gänsehautsüchtigen Touristen in allen möglichen Horrorkostümen überrannt wurde.

Der Konflikt war mittlerweile selbst zum Horror mutiert. Befürworter und Gegner standen sich auf Demos ganz unvergnügt gegenüber, fuchtelten mit Parolen auf Papptafeln und brüllten sich gegenseitig die Ohren voll. Man nennt das Meinungsfreiheit.

Isabelita hatte den Knatsch natürlich sofort auf dem Schirm, als sie begann, über den erschlagenen Apotheker nachzudenken. Sie war als zuständige Ermittlerin auserkoren worden und sollte den Fall als Ortskundige aufklären. Sozusagen im Homeoffice.

Die Erkenntnisse der Kriminaltechnik waren kurz, aber eindeutig. Der Apotheker hatte erstens ein paar Schnäpsle intus gehabt, wofür er nichts konnte, weil es halt Tradition ist. Ebenfalls im Sinne der Tradition war er zweitens mit dem massiven Stiel eines Hexenbesens erschlagen worden. Stilvoll, könnte man sagen. Wäre Schnee gelegen, hätte man Spuren von Schuhsohlen gefunden, aber es lag halt keiner. Der Schnee ist unzuverlässig im Schwabenland. Wenigstens das Corpus Delicti hatte dagelegen, am Wegesrand gleich neben dem Opfer. Der Hexenbesen. Leider war er für die Ermittlungen nicht von Nutzen, denn Fingerabdrücke gab es nicht, nur getrocknete Blutreste. Gezeichnet Jutta Behrens, Kriminaltechnikerin, Punkt.

Holde Eisenhut, die Frau des Ermordeten, saß im Büro der Neckar-Apotheke und wirkte sichtlich verloren. Mit rotgeränderten Augen erzählte sie, und Isabelita hörte zu.

„Viel weiß ich nicht. Ich bin am Dreikönigstag zu Hause geblieben, die Fasnet bedeutet mir nichts. Im Gegensatz zu meinem Mann, der ist ganz wild auf das wilde Treiben."

Sie stockte: „Er *war* ganz wild. Jedes Jahr hat er sich einen neuen Hexenbesen gebastelt, wir haben schon eine ganze Menge davon auf dem Speicher. Abends habe ich nicht auf ihn gewartet. Ich wusste, es würde spät werden. Das Abstauben dauert eben seine Zeit bei den vielen Lokalen, die es hier gibt. Und zwischendrin immer wieder ein Schnäpsle, dadurch dauert es noch länger. Als es dann mitten in der Nacht klingelte, dachte ich erst, er hätte den Schlüssel verloren, aber dann war es die Polizei."

Sie verstummte, sprach einfach nicht mehr weiter. Die Kommissarin kannte das. Hinterbliebene wirken manchmal wie Marionetten. Bei Holde Eisenhut schien der Spieler gerade zu vergessen, dass er das Spielkreuz mit den Schnüren bewegen musste.

„Ich weiß, dass Ihr Mann Feinde hatte, oder sagen wir besser: Gegner. Trauen Sie jemandem davon die Tat zu?"

Die Frau überlegte: „Da fällt mir nur Holzleitner ein, der Bauunternehmer. Mein Mann und er waren gemeinsam zur Schule gegangen, aber das Hexenland-Projekt hat die beiden auseinandergebracht. Sie sind zu erbitterten Kontrahenten geworden. Holzleitner hatte die Aussicht, sich eine goldene Nase zu verdienen, Felix spuckte ihm in die Suppe. In der Hexenzunft waren sie dennoch gemeinsam aktiv. Ein ziemliches Durcheinander. Aber Herwig Holzleitner tötet niemanden, davon bin ich überzeugt. Noch dazu mit einem Hexenbesen, das ist ja wie eine Visitenkarte!"

Der Spieler rührte wieder keinen Finger, die Apothekerin war abermals in Regungslosigkeit verfallen und saß stumm auf ihrem Stuhl.

„Der Hexenbesen kann aber auch eine bewusst gelegte falsche Spur sein. Kommt sonst jemand infrage? Aus der Familie? Aus dem Kundenkreis? Jemand, der durch ein Medikament geschädigt wurde?"

Die Marionette bewegte nur noch ihre Lippen: „Ich weiß es nicht, ich weiß momentan gar nichts mehr, ich brauche Ruhe, bitte gehen Sie!"

Als sie durch die Apotheke zur Tür ging, fiel Isabelita am Verkaufstresen etwas auf. Ein geflochtener Korb, mit kleinen Tütchen gefüllt, mittendrin saß eine Hexenpuppe. Davor ein Schild: „Original Hexenkraut".

Der Apothekengehilfe bemerkte den neugierigen Blick und leistete Aufklärung: „Der Herr Eisenhut war mit Leib und Seele Hexe. Deswegen dieser Korb. Dabei ist Hexenkraut einfach Dill, nichts weiter. Dill hat vielerlei Nährstoffe, hilft bei etlichen Wehwehchen und galt deswegen früher als Zauberkraut. Dill an der Stalltür konnte angeblich böse Hexen vertreiben. Frischer Dill unter dem Kopfkissen galt als Mittel gegen Albträume. Und in den Schuhspitzen einer Braut versteckt, machte der Dill den Bräutigam gefügig. Die Braut musste nur noch leise murmeln: ‚Ich hab Senf und Dill, mein Mann muss tun, was ich will.' Keine Ahnung, ob das heute auch noch funktioniert."

Der Apothekengehilfe nahm ein Päckchen und überreichte es Isabelita.

„Das schenke ich Ihnen."

„Danke, ich werde es für meine Hochzeit aufheben."

Isabelita veranlasste für alle Fälle eine Durchsuchung der Apotheke. Jutta Behrens von der KTU fand trotz ihrer überdimensionalen und überteuerten Gucci-Brille nichts Verwertbares. Keine versteckten Drogen, keine Cannabis-Plantage im Heizungskeller, keine Geldscheinbündel im Tresor. Die Ordner mit der Buchhaltung kamen selbstverständlich mit, ansonsten aber keine Spur von nichts. Sie wollte mit ihrem Team gerade abziehen, da rief der Griffelschbiddzer: „Ich hab was!"

Ein Griffelspitzer, also Bleistiftanspitzer, ist ein Pedant. Mithin ein Typus Mensch, der in Schwaben an jeder Ecke vorkommt. Eigentlich ein Nervtöter, aber in der Kriminaltechnik ein echter Bringer.

Zurück zur Fundsache. Auf dem Schreibtisch des Apothekers lag ein großer Monatskalender aus Papier als Schreibunterlage. Gedacht, um darauf Termine zu notieren. Stattdessen war der Kalender kreuz und quer mit Notizen vollgekritzelt: „Schub von Schrank 3 klemmt" oder: „Flyer für Hexenkraut bestellen!" Mittendrin, rot eingekringelt: „Alexander, das Schwein!" Rätselhaft, aber möglicherweise wichtig.

„Mitnehmen, Abmarsch!", beschied die Chefin, setzte ihre Gucci-Brille ab und ließ sie lässig am goldenen Brillenband baumeln. Sah attraktiv aus.

Durchsuchung beendet. Gezeichnet Jutta Behrens, Punkt.

Den illegalen Spielclub hatten die Behörden schon lange im Visier. Er lag im Keller eines Geschäftshauses, das der Holzleitner-Bau-AG gehörte. Geboten wurden Roulette, Poker und Black Jack. Also alles, was die Bank reich macht und die Spieler in die Verzweiflung treibt sowie im schlechtesten Fall in den Ruin. Die Ausstattung des Ladens war spartanisch, keine Spur vom Duft des großen Geldes, nur die nötigsten Utensilien. Also Roulette- und Kartentische, die schon ziemlich heruntergekommen aussahen. Dazu Dutzende Aschenbecher. Wer sich um Kopf und Kragen spielt, kann sich gleichzeitig auch totrauchen. Doppelt hält besser.

Das schäbige Ambiente war nicht im Ansatz zu vergleichen mit den mondänen legalen Spielbanken im Ländle, die wegen der Steuereinnahmen vom Staat geheiligt und gesegnet sind. In Stuttgart, Baden-Baden oder Konstanz – sprich Konschtanz, wir erinnern uns – verliert man mit Stil und Würde, weil man es sich leisten kann. Meistens jedenfalls. Im unterirdischen Glückshafen von Rottenburg ging man dagegen sang- und klanglos unter.

Jetzt war sogar der ganze Laden dem Untergang geweiht.

Die Polizei rückte in beeindruckender Stärke an, drückte brav den Klingelknopf ohne Namen und wurde schließlich auch eingelassen. Der Not gehorchend. Es gab keinen Fluchtweg, die Bude war hochgegangen, dumm gelaufen, Kapitulation. Heidabimbam abbr au!

Nicht so dumm gelaufen war es für Alexander. Der hatte gerade noch rechtzeitig die Spielhölle verlassen. Nicht weil er einen Tipp bekommen hatte. Nein, weil er endlich einmal gewonnen hatte.

Die Gewissensbisse kamen unerwartet und kippten den Sieg fast um in eine Niederlage. Endlich war er weg, der Störenfried. Aber war es der richtige Weg gewesen? Wegen solch einer Sache einen Menschen umbringen? Sie hatten sich doch so lange gekannt. Aus dem Konflikt hätte man wahrscheinlich auch anders rauskommen können. Oder doch nicht? Wie auch immer, es war zu spät, es war geschehen. Also alles abstreiten, durchhalten, das Spiel weiterspielen und bloß kein falsches Wort!

Herwig Holzleitner beteuerte, keine Ahnung davon gehabt zu haben, was im Keller des Bürogebäudes vor sich ging.

„Glaub ich Ihnen nicht“, beschied Isabelita ungerührt, „aber das ist nicht mein Problem. Ich will wissen, wo Sie am Dreikönigstag um 23 Uhr plus minus waren, als ihr Hexenkollege erschlagen wurde.“

„Mit seiner Tochter im Bett“, der Bauunternehmer grinste zufrieden. „Einfach relaxen nach dem anstrengenden Abstauben. Details gefällig?“

„Danke, kein Bedarf!“

„Natürlich hat er mich deswegen gehasst. Aber Amelie ist volljährig, sie kann machen, was sie will. Und sie macht es eben mit mir!“

Der Kerl war ein widerlicher Großkotz. Isabelita räumte schleunigst das Feld, sie hielt solche Typen einfach nicht aus. Da waren ihr verschlagene Kleinganoven bei Weitem lieber. Die hatten oft sogar Charisma und Herz, aber halt keine guten Karten im Leben.

Der Großkotz *hatte* gute Karten. Royal Flash, weil wir gerade beim Glücksspiel waren. Die Apothekertochter würde das Alibi bestätigen, die Kommissarin hatte nichts in der Hand. Es war verhext. Dabei roch die Geschichte ziemlich verdächtig. Angenommen, Papa Eisenhut hatte gedroht, das Verhältnis auszuplaudern. An die Großkotz-Ehefrau möglicherweise, der die Baufirma zur Hälfte gehörte. Da mag es geboten erscheinen, die Plaudertasche vorher zum Schweigen zu bringen, kurzen Hexenprozess zu machen.

Der Griffelschbiddzer war in den Buchhaltungsordnern fündig geworden. Er hatte monatliche Bar-Abhebungen entdeckt. In unterschiedlichen Höhen, aber immer erklecklich. Mal tausend, mal zweitausendfünfhundert Euro. „Schwabenbank“, beschied er Isabelita kurz und stolz, „haket Sie nach!“

Die Kommissarin, gerade auf dem Weg in ihr Stamm-Café, machte auf dem Stöckel kehrt. Statt bei einem Cappuccino nachzudenken, musste sie jetzt eben bei einem Bankier nachhaken. Vielleicht hatte der ja sogar einen Kaffeeautomaten. Am besten mit Milchaufschäumer.

Ich schicke voraus, er hatte. Aber so weit sind wir noch nicht. In der kleinen Gasse Richtung Schwabenbank kam plötzlich der Apothekengehilfe aus einem Laden und ging eiligst seiner Wege. Es war kurz vor 13 Uhr, Mittagspause vorbei.

Der Laden war eine Spielothek. Ein Ort des Goldrausches für Unbelehrbare. Für Leute, die glauben, einen Automaten besiegen zu können, der konstruiert wurde, um Unbelehrbare zu besiegen. Sogar um die Mittagszeit war die Spielspelunke gewollt finster. Umso heller blinkten die Maschinen in allen Farben des Spektrums, verbreiteten Lichtsignale monetärer Hoffnung, ratterten, fraßen Geld und spuckten hie und da klackernd ein paar Münzen aus. Weil es Weihnachtszeit war, stand sogar ein schiefer Plastik-Christbaum in der Düsternis, hatte aber mit seiner dürftigen LED-Lichterkette keine Chance gegen die Slot-Maschinen mit ihren grellen Bildschirmen.

„Der Typ kommt oft am Mittag“, ließ der zwielichtige Kerl wissen, der die Aufsicht in der Spelunke hatte.

„Arbeitet in der Neckar-Apotheke, soviel ich weiß. Nennt sich Alex.“

Rumms!

Weiter zur Bank. Der Cappuccino war großartig, der Filialleiter offensichtlich höchst interessiert an spanischen Frauen mit rabenschwarzen Haaren. Er inszenierte sich, als wäre er Zeuge in einem internationalen Finanzskandal, ruckelte am Knoten seiner gestreiften Krawatte von C&A und verkündete, dass Holde Eisenhut, die Frau Apothekerin, die fraglichen Abhebungen getätigt habe. Höchstpersönlich. Sie habe wohl die Bücher geführt, ihr Mann sei praktisch nie in der Bank aufgetaucht. Er freue sich zutiefst, damit geholfen zu haben, und erwähnte, dass er Stammgast in der Bodega Barcelona sei. Ob man sich da after Work vielleicht einmal treffen könne?

Isabelita dachte an ihren José, fand den geschniegelten Banker lächerlich, hinterließ aber ein diplomatisches „A ver – mal sehen!“

Der Banker würde nie erfahren, dass die rabenschwarzen Haare gefärbt waren. Das hübscht den Flamenco einfach unwiderstehlich auf, olé!

Martha-Maria – sie bestand auf dem Doppelnamen – war Springerin. Die gelernte Pharmazeutin half bei personellen Engpässen in Apotheken aus. Sie half auch bei Isabelitas Ermittlungen.

„Es war eindeutig. Der Mann hat es nicht gesehen, weil er es offenbar nicht sehen *wollte*. Aber ich habe es gesehen. Ganz deutlich. Seit Alex vor einem halben Jahr angestellt wurde, haben sie mich öfter gebucht. Dann habe ich mit dem Chef gemeinsam den Laden geschmissen, während Alex den Nachmittag frei nahm. Interessanterweise nahm dann auch die Chefin den Nachmittag frei. Eins und eins gibt zwei und manchmal einen frustrierten Dritten. Sie verstehen?“

Die Kommissarin hatte verstanden. Und doch wieder nicht. Warum war dann der Ehemann tot und nicht seine betrügerische Frau? Die Mutter einer erwachsenen Tochter, die es wiederum mit dem besten Ex-Freund ihres gehörnten Vaters trieb?

Madre mía, konnten Beziehungen kompliziert sein!

Sie war heilfroh um ihren José und wurde immer versessener darauf, diesen verwickelten Fall zu knacken. Das musste doch zu schaffen sein, caramba, zum Kuckuck!

Kinderärzte kennen sich mit Masern aus, können schreienden Babys eine Tetanus-Impfung verpassen und hysterische Helikopter-Mütter auf den Boden der Tatsachen zurückholen. Wenn sie José heißen, können sie sogar zur Lösung von Mordfällen beitragen. Am besten im Bett.

Es war aufregend schön gewesen, jetzt lag sie in seinem Arm und hörte eine knallharte Analyse, garniert mit zärtlichen Küssen.

„Lass uns einfach nachdenken, mi amada, meine Liebste! Was haben wir? Wir haben eine untreue Ehefrau, die es mit einem Angestellten treibt. Mit einem Angestellten, der offensichtlich spielsüchtig ist. Die untreue Ehefrau hebt regelmäßig Bargeld vom Geschäftskonto ab. Was macht sie wohl damit?"

Isabelita verpasste ihm vor Begeisterung einen Knutschfleck.

Holde Eisenhut sah erbärmlich aus. Auf dem Weg zum Café war sie im Schneematsch ausgeglitten, hatte sich die Strümpfe zerrissen und das Knie zerschrammt.

Isabelitas Stammcafé, ein sorgsam gewählter Ort für das unvermeidliche Finale. Ohne die bedrückende Wucht des Amtes.

„Ich denke, da können wir alles am besten klären", hatte die Kommissarin gesagt, „ganz unter uns, auch Alexander brauchen wir nicht."

Holde hatte begriffen, dass es vorbei war. Der Albtraum, in dem sie ihren eigenen Mann erschlagen hatte, war Realität gewesen. Eine Straftat, ein Mord, ein Todesstoß für alles Leben in ihrem Herzen. Sie wollte davon erzählen, alles loswerden, obwohl sie es niemals mehr loswerden würde. Zuerst hatte sie die traurige Witwe gespielt, jetzt war sie so traurig wie noch nie in ihrem Leben.

Die Cappuccinos kamen.

„Der Sex mit Alexander war meine Flucht. Aus dem immer gleichen Apothekerinnen-Dasein. Aus dem immer gleichen Dasein als Mutter einer Tochter, die zu Recht lebte, wie sie wollte. Als Ehefrau eines Mannes, der das immer Gleiche lebte, im Job wie in der Freizeit. Politisch immer stur dagegen, jedes Jahr einen Hexenbesen basteln, kein Ausbrechen, kein verrücktes Wagnis. Kein spontaner Wochenendtrip nach Paris wie früher mal oder nackt in einen See springen. Das gewisse Etwas war weg, es hatte sich in ein ungewisses Nichts verwandelt.

Alexander, mein Liebhaber, ist ein Spieler, Sie wissen das ja. Ich habe seine Verluste ausgeglichen. In bar. Felix hat es herausgefunden. Keine Ahnung wie, er hat sich sonst nie um die Finanzen gekümmert. Er hat mich zur Rede gestellt. Die verstaubte Abstauber-Hexe hat mir Vorwürfe gemacht. Weil ich leben wollte, einfach leben! Ich war dermaßen wütend über diese Anmaßung und habe nur noch eines gedacht. Wenn er weg ist, gibt es einen neuen Anfang. Ich habe mich geirrt."

Die Cappuccinos blieben unangetastet zurück.

Sankt Martin auf dem Marktplatz von Rottenburg ist die Kathedrale des Bistums Rottenburg-Stuttgart, also ein Dom. Allerdings ein kleiner. Innen aber hell und freundlich, die Mauern weiß gekalkt, kein Pomp, der von allen Seiten auf den Besucher einstürzt.

Der Altar im Blumenschmuck, der Pfarrer mit erwartungsvollem Blick, die Gäste festlich herausgeputzt. Mächtig setzte die Orgel ein. „Treulich geführt, ziehet dahin … ", der Hochzeitshit von Richard Wagner aus der Oper *Tristan und Isolde*.

Die Braut sah wunderschön aus, ihre Augen strahlten, die Kristalle am Kleid glitzerten feierlich in Anbetracht des großen Tages. Bald würde sie Gonzalez heißen und nicht mehr Goldgräber. Die Dillspitzen in den Schuhen hatte sie weggelassen. Sie würde sie in der Küche verwenden, José liebte ihre Art zu kochen. Kunststück, schließlich liebte er alles an ihr.

Epilog

Auch im Himmel war Weihnachten. Die Engel hatten eine riesige Blaufichte aufgestellt, natürlich aus einem naturbelassenen Forst. Der hauseigene Halleluja-Chor hatte gesungen, die Geschenke waren verteilt. Nun war der Tag danach.

„Wo ist der Chef?", fragte Petrus, „er geht nicht an sein Handy. Der Papst will wissen, wie ihm die Christmette im Petersdom gefallen hat."

„Keine Ahnung, was er treibt", gab Jesus zurück und biss einem Spekulatius-Bischof den Kopf ab. Er saß mit Maria und Josef gerade bei einem späten Frühstück. „Dad ist noch nicht aufgetaucht. Sein Kaffee wird langsam kalt, und der Butterstollen vertrocknet."

„Wahrscheinlich bin ich schuld", gestand Maria. „Ich habe ihm dieses Buch mit den schwäbischen Weihnachtsgeschichten geschenkt. Echt ein irrer Schmöker. Besonders die Szene im Stall von Bethlehem finde ich rasend komisch."

„Stimmt, der Gag ist nicht schlecht", grinste Jesus, „aber ich finde meinen alten Herrn als Rabauken fast noch besser. Wie er mit den Blitzen zuschlägt, zack bum, das ist echt alttestamentarische Sahne vom Feinsten. Der Herrgott als Terminator, richtig abgefahren!"

Maria nahm noch einen Löffel vom Bratapfel-Quark und kicherte.

„Also lassen wir ihm einfach das Vergnügen. Mit seinen fünf Dioptrien braucht der alte Herr natürlich eine Weile zum Lesen. Aber er wird sicher bald Hunger kriegen und hier bei uns aufschlagen. Gabriel sollte neuen Kaffee brühen. Aber bitte etwas stärker. Der Punsch gestern Abend war doch äußerst gehaltvoll."

In diesem Augenblick hörten sie aus dem Arbeitszimmer des Allmächtigen ein fröhliches Lachen. Und sie wussten, Maria hatte recht getan. Der Herr hatte beschlossen, am siebten Tag zu ruhen, ein unterhaltsames Buch zu lesen, und es war gut so.